CÓMO SUPERAR UNA RUPTURA

MICHÈLE LOETZNER

CÓMO SUPERAR UNA RUPTURA

CURA TU CORAZÓN ROTO EN 99 DÍAS

Obra editada en colaboración con Editorial Planeta - España

Título original: *Liebeskummer bewältigen in 99 Tagen*

Bajo el sello editorial ZENITH M.R.
Avenida Presidente Masarik núm. 111,
Piso 2, Polanco V Sección, Miguel Hidalgo
C.P. 11560, Ciudad de México
www.planetadelibros.com.mx
www.paidos.com.mx

Primera edición impresa en España: junio de 2021
ISBN: 978-84-08-24279-6

Primera edición impresa en México: enero de 2023
ISBN: 978-607-07-9487-2

Impreso en los talleres de Impregráfica Digital, S.A. de C.V.
Av. Coyoacán 100-D, Valle Norte, Benito Juárez
Ciudad De Mexico, C.P. 03103
Impreso en México–*Printed in Mexico*

ÍNDICE

SOLTAR

INTRODUCCIÓN

«I want you to think of me sitting and singing beside you
The chain pulls us up and we know that
we're all gonna dive
The blur and the noise of the screaming can
blind and distract you
But isn't it nice when we all can scream at
the same time
And it's just a ride
It's just a ride
And you've got the choice to get off anytime
that you like
It's just a ride
It's just a ride
The alternative's nothingness
Might as well give it a try »

«Quiero que pienses en mí, sentada a tu lado, cantando.
La cadena nos eleva y sabemos
que todos vamos a caer en picado.
Las imágenes borrosas y el ruido de los gritos pueden
cegarte y distraerte.
Pero ¿no es hermoso poder gritar todos
al mismo tiempo?
Y es solo una vuelta.
Es solo una vuelta.
Y puedes bajarte
cuando quieras.
Es solo una vuelta.
Es solo una vuelta.
La alternativa es la nada.
También podrías intentarlo. »

Amanda Palmer, *The ride*

Dejémoslo claro desde el principio: las rupturas son difíciles. Sí, ya sabemos que todo este sufrimiento pasará, por supuesto. Probablemente no sea la primera vez que alguien te rompe el corazón en mil pedazos, pero es posible que en esta ocasión ese «alguien» haya empleado todas sus fuerzas para embestirlo o haya tomado impulso desde un trampolín de diez metros de altura para abatirse sobre él. El mal de amores se da a todas las edades, en todas las clases sociales y en cualquier época del año. Al mal de amores no le importa el estado de tu cuenta bancaria, el tamaño de tu círculo de amistades ni la imagen que proyectas en el espejo. El mal de amores duele. Y, desde luego, lo que no ayuda en nada son esos impertinentes y tópicos comentarios del tipo «Tranquila, hay muchos peces en el mar» o «El tiempo todo lo cura». Para alguien que está recogiendo del suelo (o de la barra del bar) los añicos de su pobre corazón, estas observaciones son tan útiles como un flotador con forma de flamenco en mitad del desierto.

A una persona que se encuentra en medio de este terrible tsunami de sentimientos le duele todo, sencillamente. El cuerpo y el alma. De hecho, el mal de amores es uno de los denominados «dolores sociales» que se procesan en la misma zona del cerebro que el sufrimiento físico. Por cierto, ¿a que no sabes qué puede aliviarlo? Los analgésicos. Sí, sí, el ibuprofeno ayuda en caso de mal de amores, no es una broma. Apuesto a que ahora mismo te estás preguntando: «Pero ¿qué dice esta loca?». Tranquila, te lo explicaré todo más adelante. De momento, lo importante es que seas consciente de que existen opciones para aliviar tu estado actual. Empezando por el plano físico y siguiendo por el mental. Ese es precisamente el propósito de este libro. Porque solo quien comprende puede dejar ir.

Tú eres alguien que aspira a comprender. De lo contrario, no te habrías comprado este libro. O no te lo habría regalado alguien que sabe de sobra que eres demasiado inteligente como para conformarte con un puñado de tópicos. Esta obra te acompañará a través del miserable y sombrío valle del mal de amores, paso a paso, a lo largo de noventa y nueve días. Porque eso es, más o menos, lo que suele durar el dolor causado por una ruptura. Supongo que se te acaba de cortar la respiración al pensar que en los próximos tres meses todo seguirá siendo una mierda y que continuarás dándole vueltas a la cabeza sin parar, preguntándote qué pasó en realidad, cómo pudisteis llegar a ese desenlace, si no habría habido alguna maldita manera de evitarlo. Segundo *spoiler*: no, no había nada que hacer. Tercer *spoiler*: no todos los días serán una mierda, también habrá algunos buenos. Pero para eso será necesario que pongas un poco de orden en tu mente.

Aquí debo hacer una advertencia, a título personal: este libro se dirige fundamentalmente a mujeres heterosexuales y pone en evidencia el desigual trato que siguen recibiendo, en muchas áreas de la vida, la población masculina, por una parte, y la femenina, por otra. Eso no significa que quiera excluir a las personas *queer*, pero es posible que algunas de las cosas que voy a exponer en las próximas páginas no se apliquen a ellas. El amor puede ser multicolor. El mal de amores, también. Bueno, vale, el mal de amores tira más bien a un único color: el negro. (Un pequeño apunte al respecto: por lo general, los efectos del ibuprofeno son muy similares entre hombres y mujeres y, desde luego, no diferencian en absoluto entre personas de distinta orientación sexual.)

En ocasiones, el dolor que provoca una ruptura tiene efectos tan devastadores en todas las facetas de nuestra vida que requiere una atención profesional personalizada. Si ese es tu caso, no dudes en acudir a un psicólogo. Al fin y al cabo, no es algo vergonzoso (ni una muestra de debilidad) pedir ayuda. Todo lo contrario.

Este libro se divide en tres bloques: recordar, compensar y soltar; en definitiva, las tres etapas del duelo tras una ruptura. Cada día ocupará dos páginas, en las que encontrarás un texto que te invitará a reflexionar sobre tu estado en ese momento y un espacio para escribir tus propios pensamientos y tomar las notas que desees. Porque, aunque a grandes rasgos el mal de amores se manifieste de forma similar en todos nosotros (más o menos es como si alguien nos clavara agujas candentes en el corazón y, al mismo tiempo, desde las entrañas nos arrojase agua helada contra las paredes del estómago), si entramos en los detalles observaremos muchas diferencias entre unas personas y otras. Si algún día no abres este libro, no pasa nada. Puedes retomar la lectura al día siguiente, en el punto donde la hayas dejado. Pero ¿qué pasa si aprovechas un fin de semana para estudiártelo de cabo a rabo? Pues que no te va a servir de nada. Hay una cosa segura, por muy desagradable que suene: recuperarse de una ruptura requiere cierto tiempo. Por tanto, considera este libro como un acompañante, como una herramienta para ordenar tus pensamientos, como un cuaderno de notas. Y como una ayuda para abrir los ojos.

Además de las dobles páginas diarias, a intervalos regulares te irás encontrando con artículos acerca de determinados problemas estructurales de nuestra sociedad que, por desgracia, se ponen de manifiesto de un modo especialmente nítido en el caso del mal de amores. Son cuestiones sobre las que también merece la pena reflexionar: ¿por qué tras una separación los hombres se comportan de forma diferente a las mujeres? ¿Por qué es tan habitual que ellos se cojan la cogorza del siglo mientras que nosotras, de tanto reflexionar, acabamos dando más vueltas que un tiovivo? ¿Y qué tiene que decir el feminismo sobre todo esto?

Otra cosa muy importante es que este libro os toma en serio, tanto a ti como a eso que estás sintiendo ahora: que el mundo ha dejado de tener sentido; que quieres vomitar todo el tiempo; que tienes que esforzarte constantemente por contener las lágrimas; que crees que una última conversación, una llamada de teléfono o un mensaje podrían cambiar algo, dar un vuelco a la situación, mejorar las cosas, permitirte regresar a una época en la que aún seguía yendo todo bien, en la que lo vuestro todavía funcionaba, en la que ese tío constituía todo tu mundo y juntos erais invencibles. Unas palabras y las cosas se arreglarán.

El grupo alemán FIBEL describió esta situación en una de sus canciones: «*Sag was Schönes mit Substanz, denn dann hab ich nicht mehr so viel Angst*» («Dime algo bonito y con fundamento para que deje de sentir tanto miedo»).

Pues bien, este libro es ese algo bonito y con fundamento. Y tu ex es un imbécil.

A partir de ahora, todo irá mejor.

RECORDAR

DÍAS 01–33

01

DÍA

La mayoría de esas personas a las que les encanta dar consejos a los demás empezarán susurrándote con delicadeza algo así como «Es bueno que, a pesar de todo, estés aquí» o «Eres perfecta tal y como eres». Yo no pienso comenzar de esa forma. Hay que tener clara una cosa desde el principio: hoy es un día de mierda. Por supuesto que es bueno que estés aquí, pero apuesto a que preferirías no tener que encontrarte en un día de mierda, por muy maravillosa que seas tal y como eres. Y es que en estos momentos nada es maravilloso. Tú no estás de maravilla. El mundo no es una maravilla. Así que ¿podríamos dejar de decir constantemente que todo es maravilloso, por favor? Ahora-nada-es-maravilloso.

¿O tal vez sí? ¿Y si sencillamente el problema es que no te estás esforzando lo suficiente? Además, no todo iba mal con ese tío. En realidad, el problema no era él, sino tú...

¡Basta!

Es completamente normal que en los primeros momentos después de una ruptura te resulte imposible analizar lo ocurrido y que incluso te olvides de todo lo negativo. Pero habéis cortado. Y lo más seguro es que tú hayas dejado claro que no estás en absoluto de acuerdo con semejante desenlace (eso suponiendo que alguien se haya interesado siquiera por saber si estabas de acuerdo, claro. En cambio, probablemente ahora mismo TÚ sí que te interesas por lo que está haciendo él y por cómo lleva la separación).

Voy a plantearte una sencilla pregunta: ¿cuántas veces has pensado hoy en ese tío? ¿Aproximadamente 35.385 trillones de veces? Es normal. En serio, resulta incomprensible que alguien pueda abandonar a una mujer como tú.

¿Quieres saber lo que está haciendo él ahora? Probablemente, nada. O, en cualquier caso, nada interesante.

Y no, no es necesario que consultes de nuevo su perfil en Instagram.

FECHA

¿Cuántas veces has mirado hoy su perfil en redes sociales? Anota a continuación el número (aproximado):

En días como este resulta difícil acabar cualquier tarea. Marca con una cruz aquello que hayas logrado hacer hoy:

- ○ Cepillarte los dientes.
- ○ Vestirte.
- ○ Tomarte un café.
- ○ Tomarte otro café.
- ○ Tomarte un café más.
- ○ Tomarte una bebida que no sea café.
- ○ Mirar si había cartas en el buzón de casa.
- ○ Dejar sobre la mesa las cartas sin abrir.

Por hoy, es suficiente. Tampoco hay que pasarse.

Simplemente para que podamos tener este dato por escrito: ¿en qué día rompisteis? Anota a continuación la fecha:

____ / ____ / ____

02

DÍA

En 2017, el psicólogo Guy Winch dio una charla TED realmente apasionante en la que explicó por qué el dolor que se siente tras una ruptura amorosa es comparable al síndrome de abstinencia que se sufre cuando se dejan las drogas. Un momento, ¿las drogas? Sí, las drogas.

Cuando un yonqui quiere combatir su adicción, tiene dos opciones: cortar por lo sano o recurrir a fármacos sustitutivos. Desde el punto de vista bioquímico, lo que sentimos cuando alguien nos abandona se parece a lo que nos ocurriría si dejásemos de repente la heroína. Vaya, estupendo: así que hemos renunciado al tabaco, andamos preocupándonos por mantener un equilibrio entre hidratos de carbono, proteínas y no sé qué más y ahora, encima, tenemos que lidiar con esto…

El problema en esta situación es que también buscamos algo que nos sirva de metadona. Nuestra droga sustitutiva es la cantidad de recuerdos bonitos que compartimos con nuestro ex. Por eso la mayoría nos ponemos de inmediato a espiarlo por Internet. ¡Ah, no me digas que eso es justo lo que estás haciendo en estos momentos! Pues que sepas que no eres la única. De hecho, hay quien se pregunta si las redes sociales se inventaron única y exclusivamente para que los corazones rotos puedan comprobar, protegidos por el anonimato, lo que hacen sus ex. Nuestros padres no tenían más remedio que pasar en bicicleta por delante de la casa de sus antiguas parejas y comprobar si la luz de la vivienda aún estaba encendida. O llamar al teléfono fijo y colgar en cuando alguien respondía... Pero bueno, eran otros tiempos. Hoy las cosas han cambiado. El espionaje cibernético es tu chute sustitutivo, y eso no está bien. Por eso Winch aconseja hacer una lista de todas las características de tu ex que no te gustaban o te sacaban de quicio. Ya que te empeñas en recordar, por favor, empieza entonces por todo lo malo. Y dedícale un buen rato.

Ha llegado la hora. Anota en los renglones vacíos que encontrarás en la página de la derecha todas las mierdas de ese tío. Todas. Desde su pésimo gusto a la hora de elegir qué ver en Netflix hasta la insoportable de su madre. Y, por favor, no te olvides de los bobos de sus amigos, que se pasaban el día entero contando chistes que no harían gracia ni a unos niños de pri-

FECHA

maria. Admítelo: si te reías al escucharlos era por pura cortesía. ¿Era él sincero? ¿Era una persona en la que se podía confiar? ¿O más bien uno de esos que se pasan el día diciendo «Ay, cariño, no te pongas así»? ¿Era perseverante en sus objetivos? ¿Caótico? ¿Fanfarrón?

Ahora, haz una foto con tu móvil a la lista. Cada vez que quieras un chute de recuerdos, lee esta maldita lista. No hay duda de que los *smartphones* se inventaron precisamente para eso.

LA LISTA DE SUS MIERDAS

Anota aquí todas sus mierdas. Todas. ¡Al cuerno la cortesía!

03

DÍA

Esta mañana, al despertarte, ¿qué ha sido lo primero en lo que has pensado? ¡No me lo digas! ¿La paz en el mundo? ¿Qué ibas a desayunar? ¿Cómo organizarte para disfrutar de un día perfecto? Ah, ¿no? ¡Venga ya! ¡No puede ser!

Resulta que... ¡has pensado en él! Y en que no todo fue tan malo en vuestra relación. En que vivisteis momentos dulces y buenos. Sí, desde luego que los vivisteis, y nadie puede quitártelos. Sin embargo, ahora te estás olvidando de los malos ratos. Es natural que lo hagas. Pero sí, también hubo malas rachas. Es normal que, ahora que te las estás viendo contigo y con tus recuerdos, las pases por alto. Pero créeme: eso no te va a ayudar en nada. Seguramente es mejor que busques una solución intermedia: empieza por analizar aquello que te gustaba, pero no de él, sino de ti cuando estabas con él. De vosotros dos cuando estabais juntos.

¿Qué cosas de él te llegaron al corazón?

FECHA

¿Dónde os disteis el primer beso?

¿Dónde discutisteis por primera vez?

¿Dónde te dijo por primera vez que le gustabas?

¿Dónde llegó tarde por primera vez a una cita contigo?

04

DÍA

¡Qué bonita sería la vida si nos pudiéramos pasar el día entero tranquilamente tiradas por ahí! En la cama, en el sofá, sentadas en el autobús… o vagando todo el tiempo por la ciudad, sin rumbo alguno. Justo como vives ahora: sin rumbo. O, al menos, esa es la sensación que tienes en estos momentos. Una sensación que lo invade absolutamente todo.

Es normal tener días malos. Te voy a dar una novedosísima información: esos días pasarán. Aunque saberlo te servirá de más bien poco en los momentos críticos. Para que los días malos no te acaben hundiendo en un estado depresivo, tienes que contrarrestarlos. Eso sí, no es fácil hacerlo sola. Escribe en la página de la derecha los nombres de esas personas a las que REALMENTE puedes llamar si algún día andas baja de ánimo. No significa que, llegado el caso, tengas que telefonearlas forzosamente. Pero el solo hecho de saber que esta lista existe y que esas personas queridas te ayudarían sin hacerte preguntas estúpidas tranquiliza mucho. Para eso están. Dale la vuelta a la situación: imagínate que tu mejor amiga se encontrara en la misma circunstancia en la que estás tú ahora. Seguro que también la apoyarías, ¿verdad? Pues bien, brinda a los demás la oportunidad de ayudarte a su vez.

La música y compositora Amanda Palmer sostiene en su libro *El arte de pedir: lo que he aprendido sobre dar, aceptar y no sufrir* —todo un éxito de ventas— lo siguiente: «Pedir es por sí mismo el componente básico de toda relación. Continuamente y en general de forma indirecta, frecuentemente sin palabras, nos *pedimos* cosas los unos a los otros […] con el objetivo de construir y mantener nuestras relaciones. *¿Me ayudarás? ¿Puedo confiar en ti? ¿Me la vas a jugar? ¿De verdad estás seguro de que puedo confiar en ti?*

Y muy a menudo, en el fondo, estas preguntas tienen su origen en nuestro anhelo, básico y humano, de saber lo siguiente:

¿Me quieres?».

FECHA

Resulta que la persona a la que más desearías preguntarle ahora si te quiere no puede ni debe darte ninguna respuesta de momento. Pero hay otras personas que sí pueden contestarte. Y, aunque en este preciso instante te parezca que eso no tiene el mismo valor, ya es un comienzo.

LISTA DE PERSONAS A LAS QUE PUEDES LLAMAR

....

....

....

....

Cuando estabas triste, ¿cómo te solía consolar él?

- ○ Te abrazaba.
- ○ Te mandaba un mensaje en el que prometía llamarte más tarde, cuando hubiese terminado lo que sea que estuviese haciendo en ese momento.
- ○ Te decía que todo iría bien.
- ○ No se limitaba a decir que todo iría bien, sino que hacía algo por su propia iniciativa para contribuir a que así fuera.
- ○ Te decía que no te pusieses así.
- ○ No había forma de hablar con él, ni en persona ni por teléfono.

¿Qué es aquello que siempre te ayuda en situaciones especialmente duras?

....

05

DÍA

¿Qué es lo primero que has hecho esta mañana? Voy a intentar adivinarlo. Opción 1: abrir los ojos, mirar el móvil, entrar en una red social y comprobar qué estuvo haciendo él anoche. Pongamos que esa red social es Instagram: ya habrás revisado sus historias, una tras otra, unas ocho veces; por supuesto, lo habrás hecho desde tu segunda cuenta, que habrás creado específicamente para estos momentos de indagación. Andas por el mundo como un puto Sherlock Holmes.

No tengas miedo, nadie va a reprenderte por ello. Tu interés es comprensible. Tu curiosidad, también, pero resulta insana. ¿Por qué? Pues en realidad lo sabes desde el día 2: espionaje cibernético = chute sustitutivo. Esta actitud no hace más que reabrir una y otra vez tu herida y volcarte sobre ella un camión entero de sal. Deja esas proezas, no estás en un circo.

Mejor, ponte una venda. Y, por favor, no te pases el día entero quitándotela para comprobar si la herida se ha cerrado ya (o sea, no consultes Instagram, Facebook y compañía). Tampoco tiene sentido abrir WhatsApp cada diez minutos para descubrir a qué hora se conectó él por última vez. ¿Qué crees que pasa cuando no está en línea? ¿Que se está divirtiendo tanto que ni siquiera mira su móvil, mientras que tú te hundes en tu agonía como en una viscosa melaza?

Seguramente él no se lo esté pasando bien, pero en tu cabeza te montas una película con un guion que incluye elementos de lo más salvaje: mujeres desnudas, alcohol y fiestas; o sea, todo lo que tú no tienes ahora. Un asco, vamos.

Por cierto, si pasas la página, encontrarás un breve artículo que te explica por qué das por sentado que a él le va todo a las mil maravillas mientras que tú estás sufriendo.

¡Bloquea a ese tío!
¡En todas partes!
¡Ahora mismo!

FECHA

Si tiene algo que decirte, sabrá encontrarte. Utilizará hasta una paloma mensajera o un teléfono de lata, si es necesario. Pero, por el amor de Dios, hazte invisible ya, y haz también que él sea invisible para ti.

Puedes ponerte incluso un plazo. Por ejemplo, desaparece desde hoy hasta dentro de una semana. En cuatro días volveremos a hablar de este asunto. Te lo prometo.

Pero, ahora, ¡bloquea a ese tío! Ponte una venda ya.

Anota cinco objetos de tu casa que le pertenezcan.

....

....

....

....

....

Deshazte de ellos. Ahora mismo.

Por qué las mujeres sufren de un modo diferente a los hombres

A primera vista, el mal de amores no parece querer saber nada de la igualdad de género. Al fin y al cabo, el primero es un sentimiento, mientras que la segunda es una reivindicación social. Sin embargo, la manera tan diferente en la que hombres y mujeres gestionan el duelo tras una ruptura ilustra con mucha claridad lo importante que es esa reivindicación. Para explicarlo, recurramos a un tópico: se suele decir que después de una separación las mujeres reflexionan, analizan los errores que han cometido durante la relación y buscan en ellas mismas el motivo del fracaso. Las mujeres reaccionan con discreción. Los hombres, en cambio, lo hacen a bombo y platillo: se emborrachan con sus amigotes, salen de juerga y se lanzan a ligar ante los ojos de todo el mundo y armando un gran barullo. Después de una separación, los hombres se comportan como si lo ocurrido no les importase nada. Bien, hasta ahí el tópico. Pero resulta que la ciencia confirma que eso es justo lo que pasa realmente: un estudio de la Universidad de Binghamton, en Nueva York, analizó cómo reaccionan los hombres y las mujeres tras terminar una relación. En él participaron 5705 voluntarios de 96 países. ¿Su conclusión? Las mujeres sufren durante menos tiempo pero con mayor intensidad. En cambio, los hombres sufren durante más tiempo porque en los primeros momentos se dedican fundamentalmente a reprimir y a compensar. No dejan que aflore el dolor, por lo que a largo plazo desarrollan trastornos mucho más graves, como depresión y miedo al compromiso. Sin duda, este es un problema estructural. Llegamos así al tema de la igualdad de género.

No hace mucho, era de lo más normal considerar que los chicos que lloraban eran unos blandengues. Todavía hoy se oye en muchos parques tanto a madres como a padres reprender a sus hijos diciéndoles que «llorar es de niñas». En ocasiones da la impresión de que llorar continúa siendo algo permitido a las mujeres (o incluso esperable de ellas), pero prohibido en buena medida a los hombres. A estas alturas, no es una novedad que los niños siguen el ejemplo que se les da. Pues bien, si a sus padres no se les enseñó que tienen derecho a llorar, si sus padres a su vez no les inculcan que no pasa nada por gritar, sufrir y sentirse desesperado, y si sus madres tratan de hacerles tomar distancia con respecto a sus propias emociones mediante afirmaciones tan tontas como la que he señalado arriba, ¿cómo narices pretendemos que un hombre de nuestro tiempo gestione una separación sin hacerse el duro y sin adoptar el comportamiento masculino tradicional (ya sabéis, ese que se suele ver en las gradas de los campos de fútbol)? En una entrevista publicada en la revista electrónica *Splinter News*, el antropólogo Craig Eric Morris, uno de los tres investigadores responsables del estudio mencionado, utilizó una expresión absolutamente maravillosa para referirse a esta actitud: «*The excessive Tinder stage*» (la desmesurada fase Tinder). Es muy certera y evocadora.

Pero volvamos ahora a los hombres y a su comportamiento tóxico tras una ruptura. Por supuesto, puede que a él no le afecte vuestra separación. Pero se trata de una opción bastante improbable. Tu ex no es un témpano de hielo. Aun cuando ya no esté enamorado de ti, debe de importarle algo saber que te ha hecho daño. Lo más seguro es que no tenga ni idea de qué hacer con su dolor, si no es ir a la barra del bar de la esquina. Con esto no estoy intentando disculpar su actitud, sino simplemente explicarla. Y, sobre todo, pretendo dejar claro que el feminismo tiene que ver con estas cuestiones, y no tanto con que alguien te sostenga una puerta para que pases o con que te ayude a ponerte un abrigo. Sostener una puerta es un signo de cortesía, como señala acertadamente la escritora Margarete Stokowski. Y nada más que eso. Permitir la tristeza, la ira y el sufrimiento tan solo en el ámbito femenino, con el pretexto de que los sentimientos siguen siendo una particularidad exclusiva de las mujeres, resulta estúpido. Y también amargo. Tanto para las mujeres como para los hombres. Y, desde luego, seguir esos modelos solo nos resulta útil a corto plazo. Si quieres, puedes correr al bar más cercano y ponerte a ligar con el primer hombre que pase por allí. Pero, por favor, no pienses que a la larga eso hará que te sientas mejor. Si es para pasar el rato, de acuerdo. Eso sí, a la mañana siguiente te despertarás con resaca, y tu dolor por la ruptura continuará estando ahí. Es más: te arriesgas a que, debido a la bajada de serotonina que provoca el exceso de alcohol, todo te parezca aún más terriblemente jodido de lo que ya es.

06

DÍA

Vuestra primera cita. Me refiero a la primera cita propiamente dicha, no al día en que os conocisteis. Seguro que ese día también fue bonito, pero ¿cómo fue la primera vez que quedasteis, ese momento en el que resultó ya evidente que entre vosotros había algo más que un interés superficial? ¿Qué hicisteis?

Siento mucho ponerme a hurgar sin previo aviso en el cajón de tus sentimientos, pero probablemente ahora tengas ese recuerdo bastante a mano. Y ese recuerdo está tapando muchas otras cosas. Es lógico. De hecho, está ocultando con mucho cuidado todo lo malo para borrarlo por completo de tu memoria. Se trata de un mecanismo de defensa que te permite esquivar las punzadas más intensas de dolor. Pero la realidad que vivisteis era muy distinta. También hubo días malos. Si quieres, puedes hacerlos desaparecer de un plumazo repitiéndote la siguiente ristra de comentarios, tan propios de esas personas a las que les encanta dar consejos:

«Nadie es perfecto».
«Seguro que no ha querido decir eso.»
«En todas las relaciones hay etapas difíciles.»
«Huir no es una solución.»
«No se puede tener todo en esta vida.»

Pero, a la larga, no te servirá de nada.

En su libro *Trennt euch!* («Separaos»), el escritor Thomas Meyer lo resumió muy bien: «Seguramente todos estos comentarios sean ciertos, pero también se trata de excusas muy populares que se usan para justificar situaciones en las que las piezas no encajan. Y ante esas situaciones lo sensato es hacer dos cosas: primero, *reconocerlas*, y, después, *continuar avanzando*. *Permanecer inmóvil* no es un signo de que se posea una capacidad especialmente alta para amar. Solo demuestra una capacidad especialmente alta para sufrir».

Primero hay que asimilar esta verdad. Y sí: duele.

FECHA

Indica cinco situaciones en las que te habría gustado levantarte y dejarlo plantado:

Indica tres motivos por los que, pese a todo, te quedaste:

UN LIBRO QUE RECOMIENDO

El autor Thomas Meyer, al que he citado en la página de la izquierda, ha escrito muchas otras observaciones inteligentes acerca de las separaciones. Es posible que su libro *Trennt euch!* (aún sin traducción al castellano) te ayude a comprender por qué quedarte sin hacer nada no es una buena estrategia.

07

DÍA

¿Qué es lo peor que podría pasar ahora?

Esta es una pregunta dura pero pertinente. Cuando uno se detiene a pensar en las peores putadas imaginables que pueden ocurrirle, a menudo siente miedo. Y, como es sabido, a la hora de tomar decisiones el miedo no es un buen consejero. Esta observación nos lleva a la siguiente pregunta: ¿de qué tenemos miedo, en realidad? ¿De qué tienes miedo tú ahora?

En una entrevista que concedió a la revista alemana *Cicero*, especializada en temas políticos, la feminista Laurie Penny profundizó en una idea que había expuesto en su obra *De esto no se habla: sexo, mentiras y revolución*: «Las mujeres tienen miedo de perder el amor. Los hombres tienen miedo de perder el poder». Así explicó su idea: «A las chicas se las enseña a anhelar el amor romántico. El hecho de que avancen en su carrera profesional se considera aceptable siempre y cuando sigan manteniendo el amor y la familia como eje de su existencia. Si sus prioridades son diferentes o si, sencillamente, no encuentran al hombre de su vida, se les sugiere que han fracasado. Por eso, no hay chica que, desde su más tierna infancia, no tema quedarse sola. A las mujeres no se las educa para que anhelen el poder. Y si lo anhelan, en la mayoría de los casos se ven obligadas a sacrificar algo a cambio, como el amor, la amistad o la seguridad. El caso de los hombres es el opuesto: a ellos se les enseña que, si cosechan éxito, el resto vendrá por sí solo. Esta doble moral es una absoluta estafa».

¿Leer esto te provoca rabia? ¡Espero que sí!

FECHA

¿De qué tienes miedo tú ahora?

¿Puso él su trabajo por delante de su vida personal? SÍ NO

¿Era su carrera profesional más importante que la tuya? SÍ NO

¿Hablabais a menudo de tu trabajo? SÍ NO

¿Hablabais a menudo de su trabajo? SÍ NO

¿Hacíais planes comunes de futuro? SÍ NO

¿Contaba contigo a la hora de tomar decisiones profesionales que os afectaban a los dos? SÍ NO

¿Cuánta rabia sientes ahora contra él?

08

DÍA

Uno de los conceptos más en boga en estos días es el de «superación personal». Competimos constantemente con nosotras mismas y con los demás. Desde hace años da la impresión de que la televisión solo apuesta por programas en los que alguien hace algo para aventajar a otras personas, aunque solo se trate de jóvenes concursantes que intentan superar con éxito ridículas pruebas para obtener la aprobación de un jurado. Nuestros *smartphones* y nuestros dispositivos portátiles analizan cómo hemos dormido, cuántos pasos hemos dado y cuántos escalones hemos subido juiciosamente en lugar de tomar el ascensor. Por eso, es natural y forzoso que tras una separación nos preguntemos: «¿Qué cosas podría haber hecho mejor en esta relación?». Y que una antipática voz nos susurre desde algún rincón remoto de nuestra mente: «¿No habrías podido evitar todo lo que ha ocurrido si te hubieras esforzado un poquitín más?».

Pues no, no habrías podido evitarlo. Lo único que habrías hecho sería alargar ese doloroso proceso. Porque, como sabemos ya desde el día 6, a veces las piezas sencillamente no encajan. Y el hecho de que ahora te estés martirizando con estos reproches, tan relacionados con el concepto de superación personal, es, por desgracia, un comportamiento típicamente femenino. Otra etapa típica en esta secuencia es que en algún momento te plantees si la ruptura ha tenido algo que ver con tu físico. Si no te habrá dejado porque estás demasiado gorda. O demasiado delgada. O porque eres demasiado baja. O demasiado alta. O porque eres demasiado rubia. O demasiado morena. Si podrías haber reconquistado a ese tío si hubieses cambiado tu *look*.

Evidentemente, sabes que todo esto no son más que memeces, pero, a pesar de ello, te sigues preguntando por el estilo. ¿Y por qué lo haces? La socióloga Greta Wagner, que lleva mucho tiempo estudiando este fenómeno, sostiene que, «aunque ahora los hombres también sienten la obligación de superarse en el plano físico, en las mujeres esa presión es más fuerte, porque se las juzga en mayor medida por su aspecto. Y porque el ideal de belleza en el caso de los cuerpos femeninos se aleja más de la media de los cuerpos reales que en el caso de los cuerpos masculinos».

FECHA

En resumen, este comportamiento se adquiere en sociedad. Tú no eres el problema, pero la sociedad lleva ya bastante tiempo haciéndote pensar que lo eres.

Por favor, deja de creértelo.

¿Qué te gusta de ti?

- ○ Tu pelo.
- ○ Tus piernas.
- ○ Tu cara.
- ○ Tu culo.
- ○ ....
- ○ ....
- ○ ....

IMPORTANTE

Cuando te sientas insatisfecha con tu cuerpo, recuerda lo siguiente: no has venido a este mundo para pasarte el día renunciando a las patatas fritas o sin parar de pensar que hoy tienes el pelo hecho unos zorros. ¿Qué es esto sino un invento de marketing de la industria cosmética?

09

DÍA

Hay trucos que nos facilitan la vida y que, la verdad, no entendemos por qué nadie nos ha enseñado antes. Entre ellos se encuentra, por ejemplo, uno que tiene que ver con esas tapas de los vasos en los que se sirve café para llevar: resulta que también se pueden utilizar como posavasos para dar mayor estabilidad a estos recipientes. Sí, sí, como lo estás leyendo. Dentro de estos trucos hay que incluir también el uso de analgésicos como el paracetamol o el ibuprofeno para aliviar el mal de amores. ¿Cómoooo? Así es. Pero empecemos por el principio.

Desde el punto de vista científico, el duelo que experimentamos tras una ruptura forma parte del grupo de los «dolores sociales», que dentro del cerebro se procesan en la misma zona que el dolor físico. Simplificándolo mucho: nuestra cabeza no encuentra diferencia alguna entre una pierna rota y un corazón roto. La revista médica alemana *Deutsches Ärzteblatt* lo formula así: «Como emoción, el dolor provoca en nosotros una situación de estrés, en la que aumentan la tensión arterial y el pulso, se segrega adrenalina y nuestro organismo se prepara para una reacción de *flight or fight* (huida o lucha). Algo parecido ocurre en el caso de un dolor social. Aquí nos encontramos en una "situación de lucha" similar, que exige de nosotros una respuesta». El autor de este artículo, Sebastian Gillmeister, hace referencia a un estudio estadounidense que analizó explícitamente las consecuencias neurológicas de un rechazo amoroso.

Pues bien, en una investigación de la Universidad de Kentucky se probó a administrar paracetamol a una serie de personas que padecían estos dolores sociales. El resultado fue sorprendente: las zonas del cerebro responsables del dolor de los pacientes tratados mostraban mayor inactividad que las de los pacientes no tratados. Evidentemente, esto no significa que si te tomas una pastilla te desaparecerá el mal de amores, pero en el estado de desasosiego en el que te encuentras en estos catastróficos primeros momentos, un analgésico suave puede ayudarte. Quien no consigue comer ni dormir y no hace más que llorar tampoco es capaz de pensar. Una vez que la zona cerebral correspondiente recupere la calma, el raciocinio volverá.

FECHA

Eso sí, cuidado: la dosis ha de ser la adecuada según tu peso corporal y en ningún caso deberás superar la cantidad máxima prescrita. De lo contrario, tu hígado, por ejemplo, quedará para el arrastre. Y recuerda que lo vas a necesitar cuando vayas a tomarte un par de copas a algún bar.

Escribe a continuación tus tres cócteles favoritos:

....

....

....

Es posible que, quizás, ¿quién sabe?, el día 5 te decidieses a bloquear a tu ex. ¿Te has mantenido firme en esta decisión?

SÍ NO

Da igual la respuesta que hayas marcado. Eres una persona con sentimientos, y no un bloque de piedra. No seas tan dura contigo misma.

10

DÍA

El dolor provocado por una ruptura es un sentimiento sumamente intenso, que lo oscurece todo y nos paraliza, como si fuésemos corzos cegados por los faros de un camión. Incapaces de escapar, acabamos arrollados por él... Vaya, estupendo. ¿Qué esperaba la naturaleza que iba a obtener ideando semejante sufrimiento?

En realidad, muchas cosas. El amor es un impulso primitivo ancestral, según sostiene la antropóloga y psicóloga Helen Fisher. El hecho de que nos torturemos tanto cuando nuestra pareja nos abandona se debe fundamentalmente a que la naturaleza quiere evitar a toda costa que perdamos a un posible donante de semen. Si de repente aquí cada cual se dedicara a disfrutar sin ánimo de tener descendencia y se esfumara después, la perpetuación de nuestra especie estaría en la cuerda floja. ¿Adónde nos llevaría semejante actitud?

Pues seguramente a una vida más tranquila. Pero las cosas no funcionan de esa manera. Todo tu sistema bioquímico se pone así de loco por el simple hecho de que quiere que traigas hijos al mundo. Tu nivel de dopamina cae a un ritmo vertiginoso y, según Fisher, incluso desarrollas una «atracción de la frustración», que se encarga de hacer que te sientas aún más enamorada que antes de la separación.

Así pues, lo que te está ocurriendo ahora mismo es un proceso bioquímico. A través de ti habla la evolución.

Querida evolución, desde aquí queremos enviarte un mensajito, solo para ti: ¡cierra el pico!

Por lo menos durante el día de hoy.

FECHA

¿Te habías planteado tener hijos con él?

SÍ NO

¿Qué características de su personalidad habrían hecho de él un buen padre?

¿Qué características de su personalidad te habrían llevado a descartarlo definitivamente como padre?

11

DÍA

«Solo quería saber cómo te va.»

«¿Qué estás haciendo?»

«Pienso en ti.»

¿Ya has recibido algún mensaje de este estilo? ¿Durante cuánto tiempo te has quedado mirando absorta la pantalla? ¿O has cedido a tu impulso y has respondido de inmediato? Y, en caso de que hayas respondido, ¿qué le has escrito? ¿Eso ha dado pie a una conversación entre ambos?

Demasiadas preguntas. Y, probablemente, muy pocas respuestas satisfactorias. Lo ideal sería que no reaccionases. Pero, como es obvio, ese anhelo interno de responder es casi irrefrenable. Al fin y al cabo, lo echas de menos. Y, por lo que parece, él también a ti. O esa es, al menos, la impresión que da. Quizás al tomar algo de distancia haya reflexionado y se haya dado cuenta de que eres la única mujer con la que quiere estar... En todo caso, eso es lo que te está diciendo la vocecita tipo película de Hollywood que resuena en tu cabeza.

Esa voz te susurra: «¿Y si resulta que las cosas pueden arreglarse?».

Pues va a ser que no. Es mucho más probable que él tampoco acabe de encontrarse cómodo en su nueva situación y que busque un apoyo fácil en ti, en forma de espejo. Sin embargo, eso que ahora quizás te parezca positivo pronto te hundirá aún más. Lo hará precisamente en el instante en que, de repente, la conversación se interrumpa y tú empieces a tratar de averiguar de forma obsesiva, por todas las vías posibles, qué ha pasado/por qué lo ha hecho/qué ha ocurrido.

Ya sé que es difícil, pero intenta no responder. ¡Piensa en la bioquímica! Si ya tenéis una conversación en curso, ponle fin y mantén así el control sobre la comunicación. No hace falta que seas desagradable. Seguro que bastará con un «En estos momentos necesito calma. Me pondré en contacto contigo en cuanto sienta que puedo volver a hablar».

FECHA ______________________

¿Cómo crees que puedes evitar el impulso de responderle?

- ○ Yéndote a nadar un rato.
- ○ Poniendo el móvil en modo avión y viendo *Come, reza, ama* (de acuerdo, es un topicazo. ¿Y qué?).
- ○ Llamando a tu mejor amiga.
- ○ Yendo a la peluquería (aunque sea sin cita previa).
- ○ Buscando un diseño para tu próximo tatuaje.
- ○ Donando dinero a una ONG de salvamento marítimo.
- ○ Acudiendo a un vivero para comprar plántulas de tomate (al menos, algo que esté vivo...).
- ○ Planificando un viaje (a algún lugar lo más extravagante posible).
- ○ ....

¿Qué cualidad te gustaría tener en estos momentos?

....

12

DÍA

A veces las buenas palabras y los consejos no sirven de nada. A veces estás furiosa. Y punto. La ira es buena. Significa que estás buscando una vía de escape para tus sentimientos.

La escritora, terapeuta y pedagoga Almut Schmale-Riedel ha estudiado específicamente la ira de las mujeres, y esta es su conclusión: «En principio, la ira es similar en los hombres y en las mujeres, pero estas últimas han aprendido a procesarla de una forma particular. En nuestra sociedad, se acepta que las mujeres sean algo miedosas, tímidas, taciturnas o reservadas, mientras que a un hombre se le considera un tipo hecho y derecho cuando se enfada y se mete en broncas. En ellos, la ira se tolera mucho más. En cambio, las chicas aprenden ya desde la infancia que a sus padres no les gusta que se pongan furiosas. Sin embargo, si en nuestra educación y en nuestro entorno no se nos alienta a mostrar nuestros sentimientos, a ser conscientes de ellos y a hablar al respecto, corremos el peligro de acabar ocultándolos. Eso es lo que las mujeres se ven obligadas a hacer con su ira».

El neuropsicólogo Hans J. Markowitsch explicó en el semanario alemán *DER SPIEGEL* cuáles son las tristes consecuencias que conlleva la represión de la ira: una serie de cambios permanentes en el cerebro y en el comportamiento que pueden desembocar en depresiones y otras enfermedades mentales. Además, la represión de la ira llega a provocar trastornos físicos evidentes: los dentistas alertan de que cada vez son más las mujeres que padecen bruxismo.

Así pues, ¡deja aflorar tu ira!

Si no lo haces por ti, hazlo al menos por tus dientes.

FECHA

EL RANKING DE SUS MOMENTOS MÁS LAMENTABLES

¿En qué situación sentiste verdadera vergüenza ajena por algo que hizo él?

¿En qué circunstancias te dejó en la estacada?

¿Qué criticaba él de tu mejor amiga?

¿Cuál de los regalos que te hizo era una auténtica mierda?

¿En qué momento sentiste tanta rabia hacia él que le habrías lanzado (o de hecho le lanzaste) algún objeto a la cabeza?

13

DÍA

¿Te sueles sentir cansada? ¿Cansada de toda esta mierda? ¿De este ir y venir, de este dar vueltas de acá para allá, de sopesarlo y analizarlo todo sin encontrar ni un solo detalle nuevo? Probablemente en este tiempo hayas visto ya un par de veces a sus amigos o a vuestros amigos comunes. Cuando entra en escena el alcohol, puede ocurrir que, a medida que el nivel etílico va subiendo en sangre, intentemos sonsacarle información a alguno de ellos. En un primer momento todo está bajo control: nos contenemos y evitamos preguntar qué es de nuestro ex y cómo se encuentra. Sin embargo, con cada copa que tomamos, ese caparazón se va debilitando más y más, hasta que, al final, acabamos martirizando con preguntas acerca de él a cualquier conocido que ande por allí. Pero ¿qué es lo que conseguimos con la información que recabamos? Simplemente, alimentar la esperanza de que todo volverá a ser como antes. La esperanza mitiga la humillación. Al principio. Pero también nos exige que le suministremos dosis cada vez más elevadas. Dosis de algo que ahora solo existe en nuestros recuerdos.

Lo fundamental: debes ser muy consciente de que la información que te proporcionen no será en ningún caso objetiva (ni mucho menos neutral). Todo lo que te cuente otra persona habrá pasado por el tamiz totalmente subjetivo de su mirada, que dependerá de sus propias vivencias y heridas. Ninguna percepción tiene por qué ser verdadera. La mayoría de los que te hablen serán titulados en psicología de andar por casa y doctores en rumorología. Nada de lo que te digan te aportará información nueva.

Solo si le preguntas directamente a él descubrirás cómo le va de verdad, por qué ha decidido romper contigo o, en general, por qué se mantiene firme en su decisión de poner fin a vuestra relación. Y todavía es demasiado pronto para hacerlo. No habéis tomado distancia suficiente como para analizar la relación desde fuera.

Así que... RESPIRA.

FECHA

¿Quiénes son sus cinco mejores amigos?

Si te encuentras con ellos, no les hables de él.

¿Qué es lo que te han contado de él?

Olvídalo. No sabes si te han dicho la verdad.

14

DÍA

«Hay una norma social decisiva que desempeña un papel crucial para el régimen performativo de los sentimientos: las acciones de las personas deben coincidir con sus intenciones», asegura Eva Illouz, célebre socióloga y experta en los procesos de duelo tras las rupturas amorosas. Pero ¿qué ocurre cuando no existe tal coincidencia? ¿Cuando de verdad queremos dejar atrás de una vez por todas al ex pero seguimos consultando sin cesar su perfil en las redes sociales? ¿Cuando, pese a todo, preguntamos por él a los amigos, bien de forma elegante o bien con una enorme torpeza? ¿Cuando, en cuanto lo que nos quedaba de dignidad se nos ha ido gaznate abajo junto con el último sorbo de vino, le imploramos directamente al tío en cuestión que vuelva, al menos solo por esta noche?

¡Oh, *smartphone* infernal! ¡Oh, festividad del autoengaño!

Acción e intención: desde luego, no hay forma de que coincidan.

Habrá días de este tipo. Si te descubres comportándote así, no te tortures. No te permitas caer aún más en este agujero. Ha pasado, lo ocurrido te avergüenza, pero dentro de un año ya nadie pensará en ello. Porque, por encima de todo, es normal.

Theresa Lachner, escritora y autora de un blog sobre sexo, lo resume de un modo magistralmente sencillo en su libro *Lvstprinzip*: «Crees que este es el momento de tu vida en el que estás más débil, pero en realidad te estás haciendo increíblemente fuerte. [...] Todos hemos pensado alguna vez que somos la persona más puteada del mundo, pero en cuanto hables de ello a los demás, te darás cuenta de que eso es una chorrada».

Todos hemos pasado en algún momento por eso. No te castigues por ello.

FECHA

¿Cuándo ha sido la última vez que lo has espiado en las redes sociales?

¿Cuándo ha sido la última vez que has comprobado si estaba en línea en WhatsApp?

¿Cuándo ha sido la última vez que le has escrito?

¿Cuándo ha sido la última vez que le has llamado por teléfono?

¿Cuándo ha sido la última vez que lo has acechado y abordado por la calle?

Seguro que haces todo esto cada vez con menos frecuencia.

15

DÍA

Por lo general, cuando se echa la vista atrás, se consigue identificar el momento a partir del cual algo empezó a cambiar. A menudo se trata de un ligerísimo movimiento de una placa tectónica afectiva; solo un sismógrafo sumamente sensible es capaz de registrar las sacudidas más discretas del corazón. Después, muy despacio, se abre una grieta que acaba extendiéndose por todas partes. Llega un punto en el que resulta imposible seguir ignorando lo que está sucediendo; un punto en el que no se puede continuar en el empeño de negar los propios sentimientos para evitar lo peor. Seguro que sabes con exactitud cuándo os pasó eso. Y probablemente también sabes por qué.

Pues bien, ese fue el principio.

Apuesto a que también recuerdas en qué momento te rompió el corazón.

Ese fue el final.

Pero solo el final de la pareja que formabais. No el final de todo.

Y para que, efectivamente, no sea el final de todo, me permito hacerte a continuación una advertencia muy seria: en los años noventa los científicos identificaron el síndrome del corazón roto, conocido también como cardiomiopatía de *takotsubo*, que puede llegar a provocar la muerte y que afecta sobre todo a mujeres de edad avanzada. Sus síntomas son idénticos a los de un ataque cardíaco: opresión en el pecho, taquicardia y dificultad para respirar. En este síndrome, la forma del ventrículo izquierdo cambia radicalmente: la punta del corazón se abomba, mientras que la aorta sufre un importante estrechamiento. Como consecuencia, la sangre deja de circular por el cuerpo. Este cambio en el aspecto del órgano fue lo que inspiró a los médicos japoneses a la hora bautizar la dolencia: de hecho, la forma adoptada por el corazón les recordó a una vasija tradicional, denominada *takotsubo*, que utilizaban los pescadores de su país para atrapar pulpos. Desde entonces, se ha creado incluso un sistema mundial de registro de pacientes que han padecido este síndrome.

Si sientes los síntomas descritos, por favor, acude inmediatamente a urgencias. Es mejor pasarse que quedarse corta.

FECHA

¿En qué momento dejaste de sentirte incondicionalmente enamorada de tu ex?

¿En qué momento te rompió el corazón?

Seguramente no es la primera vez que esto te pasa. Probablemente tampoco será la última. Haz una lista de los ex más importantes de tu vida:

Fíjate: has conseguido sobrevivir a todos tus desamores pasados. También sobrevivirás a este.

Por qué se resta importancia al dolor que se siente tras una ruptura

El problema del desamor es el vacío que genera. Una separación es como una incisión en el armazón del universo: a partir de ella, nada volverá a ser como antes. Los pilares de referencia, como el tiempo, el espacio y las necesidades de nuestro cuerpo, cambian de repente las leyes de su equilibrio. Los minutos que pasamos absortas mirando las pantallas en negro de nuestros móviles parecen convertirse en horas. Además, los días se alargan de una forma antinatural. ¿Se puede saber por qué demonios el suelo tiembla constantemente? No tenemos hambre. Tampoco sed. Tan solo una necesidad irrefrenable de tomar analgésicos de todo tipo. También los cigarrillos y el alcohol se convierten en nuestros aliados. Para qué engañarse: el dolor que provoca una ruptura suele arrastrarnos con bastante rapidez a una situación muy dura. El mal de amores es un agujero negro.

Una vez que todo ha pasado, nadie quiere saber nada de él. Nada. Incluso nos esforzamos por bloquear nuestros recuerdos. Ese es el motivo por el que muchos le quitan importancia a este dolor cuando lo ven encarnado en otros. No quieren bajo ningún concepto acordarse de lo que ellos mismos sufrieron. Recurren entonces a esas fórmulas vacías del tipo «Ya se te pasará», «Pronto estarás mejor»... Sí, ya sabemos que se nos pasará. No somos tontas. Pero precisamente ahora no lo sentimos así. En este momento todo se tambalea. Y no vemos la luz al final del túnel.

Los científicos especializados en traumas han reconocido y estudiado este fenómeno. Y allí donde nuestro entorno más cercano (o, al menos, parte de él) se muestra incapaz de entender lo que nos pasa, la ciencia, de un modo inesperado, acude en nuestro auxilio. E incluso muestra una gran comprensión. El psiquiatra y neurólogo Günter H. Seidler, que dirigió hasta hace unos años el Departamento de Psicotraumatología del Centro de Medicina Psicosocial del Hospital Universitario de Heidelberg (bonita sucesión de palabras que empiezan por «psico», ¿verdad?), advierte: «Ya de entrada, la propia denominación resta importancia a lo que está sucediendo:

la expresión "mal de amores" suena a típico problema de adolescentes en el patio del instituto. Pero en realidad estamos hablando de un sufrimiento psíquico que también desestabiliza a muchos adultos». En su trayectoria como médico, ha encontrado constantes paralelismos entre las víctimas de traumas y las personas que se acababan de separar: «Cuando oímos la palabra *trauma*, pensamos de inmediato en las víctimas de la violencia o de la criminalidad; en los supervivientes de catástrofes naturales, guerras o atentados terroristas. Sin embargo, en la unidad ambulatoria que dirigía me encontré cada vez con más pacientes que presentaban los mismos trastornos físicos y mentales que esas personas pero que no habían vivido las experiencias de ese tipo. Simplemente, sus parejas los habían dejado». También comprobó que esos pacientes reaccionaban de la misma forma (irritados y furiosos) cuando en la vida cotidiana algo escapaba por un momento a su control, por ejemplo cuando recibían críticas en su entorno laboral o familiar. Eso provocaba que acabasen atacando de forma indiscriminada a cualquiera que pasase cerca de ellos o bien específicamente a la persona que había causado su desgracia. La conclusión más amarga de este médico: «El dolor nos convierte en malas personas».

Resulta comprensible que no queramos saber nada de quienes fuimos tras una separación y que, en consecuencia, nos protejamos frente a todo aquello que despierte en nosotros el recuerdo de aquella época. Si mostramos poca o casi ninguna comprensión hacia el caos de sentimientos que experimentan las personas abandonadas es, en consecuencia, por un deseo de protegernos, y no necesariamente porque alberguemos malas intenciones o nos falte empatía. Por eso es tan importante que busques ayuda profesional cuando sientas que ya no puedes seguir avanzando por tus propios medios. Eso también te permitirá delegar por un corto período la responsabilidad de tu vida sentimental en un experto. Si acudimos a los médicos cuando el antebrazo izquierdo se nos fractura por varios puntos, ¿por qué no recurrir a ellos también cuando se nos ha roto el corazón?

16

DÍA

Sexo.

Probablemente hace ya tiempo que no lo practicas.

Sexo.

Te resulta absolutamente impensable acostarte con alguien que no sea él. Acariciar a otro hombre, besarle... ¡Uf! ¡Quita!

Son muy pocas las mujeres que vuelven a mantener relaciones sexuales poco después de una ruptura. Y a la mayoría de ellas no les sale bien. Aunque solo aspiren a echar un polvo rápido. La gran euforia del «¡Ahora verá de lo que soy capaz!» se convierte rápidamente en un «Pero ¿qué demonios estoy haciendo yo aquí?».

Ya hemos visto con detalle en las páginas 22 y 23 que las mujeres viven el desamor de un modo diferente a los hombres, así que ahora haremos otra cosa: vamos a resumir qué tal era el sexo con él. En parte, para evitar cualquier posible recaída: son muy pocos los casos en los que liarse de nuevo con el ex conduce a una reconciliación sana. Acostarte con él te traerá más lágrimas, más rabia contra ti misma y mucha, muchísima más humillación. Pero es evidente que la ausencia de contacto físico suele llevarnos a cometer estupideces...

No seas estúpida.

FECHA

Mejor, piensa en algo concreto: ¿cómo era el sexo entre vosotros?

¿Asumías el papel activo o el pasivo?

¿La frecuencia de vuestras relaciones te parecía insuficiente, excesiva o adecuada?

¿Echabas en falta algo?

¿Qué es lo que más te gustaba hacer con él?

¿Qué fantasías te habría gustado convertir en realidad?

¿Cuándo fue la última vez que os acostasteis?

17

DÍA

La ficción (el cine, la televisión o los videoclips, por citar solo unos ejemplos) han marcado profundamente nuestras expectativas acerca de cómo debe surgir el amor, cómo debe evolucionar y cómo debe terminar (según esta perspectiva, ¡nunca!). Ya en los años sesenta el sociólogo Niklas Luhmann analizó esta visión, convencido de que el amor en realidad no es un sentimiento, sino un código de comunicación que se basa en las imágenes creadas por los medios (en concreto, por las películas). La socióloga Kornelia Hahn traduce esta teoría al lenguaje popular de nuestro tiempo: «Existe una interacción entre los conceptos del amor romántico que se reproducen en el cine de Hollywood y las normas sociales que se desarrollan en el día a día». Así se han ido consolidando los patrones básicos de la relación romántica de pareja, aun cuando solo en casos aislados esos patrones resistan de forma duradera.

¿Y cómo ha ocurrido? Evidentemente, en una película de ciento veinte minutos no se puede contar todo el aburrimiento que se acumula en una relación larguísima que ya ha caído en la rutina. ¿Quién querría ver eso en la pantalla? En los largometrajes solo se habla del terremoto que se siente en los primeros momentos. De ese brillo en los ojos del otro que nos garantiza que aquí está pasando algo grande. Algo irrefrenable. Que el universo entero surgió hace miles de millones de años solo para llegar a este instante único en el que él y tú os habéis encontrado. Como dos planetas que de repente abandonan sus propias órbitas porque la atracción que nace entre ellos supera todas las leyes de la física y... ¡bum!: estallan el uno contra el otro, el uno en el otro.

Así debería ser.

Y, probablemente, así fue.

Hay otro estallido que en el cine ocupa un tiempo parecido: el que se produce cuando surge la diferencia. Cuando las cosas ya no van como deberían.

FECHA

La rabia que se siente ante esta decepción lo abarca todo y es terriblemente destructiva. ¿Cómo es posible que algo que empezó así termine de un modo tan amargo? De hecho, ¿cómo es posible siquiera que termine? ¿Dónde demonios está Hollywood cuando se le necesita?

En ninguna parte.

Pero eso no significa que tengas que negar esa rabia. Es real. Sácala.

¿Qué película refleja mejor vuestro primer encuentro?

- ○ *El caballero oscuro: la leyenda renace*
- ○ *Crazy, Stupid, Love*
- ○ *Cruce de caminos*
- ○ *Origen*
- ○ *Pulp Fiction*
- ○ ....
- ○ ....
- ○ ....

¿Cómo de destructiva es tu rabia?

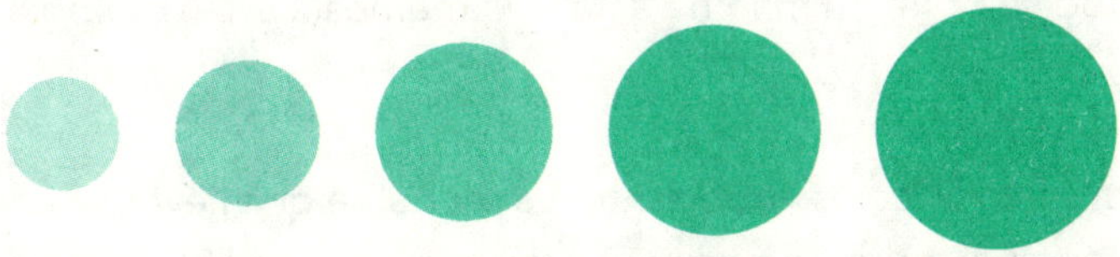

18

DÍA

Hay roces y roces. Acuérdate de la descarga de electricidad que sentiste la primera vez que él y tú os rozasteis por casualidad. En algún momento, la timidez se convirtió en promesa; la promesa, en necesidad, y la necesidad, en capitulación. Y en algún otro momento todo eso desapareció: los roces casi imperceptibles que buscabais en el día a día, el deseo de estar cerca a toda costa… Más adelante abordaremos por qué estas cosas se apagan con el tiempo. Ahora, lo importante es que seas consciente de que el contacto físico es casi tan esencial como comer, beber y dormir.

La pionera de la terapia familiar Virginia Satir, ya fallecida, formuló hace muchos años la siguiente regla: «Necesitamos cuatro abrazos diarios para sobrevivir, ocho abrazos diarios para mantenernos y doce abrazos diarios para crecer». Más de lo que pensabas, ¿a que sí? En un mundo de *smartphones*, tabletas y teclados de ordenador, el contacto físico diario y sincero se ha hecho más escaso y, por eso mismo, más importante.

Martin Grunwald, psicólogo experimental y director del laboratorio especializado en háptica de la Universidad de Leipzig, asegura: «Cualquier mamífero necesita una cierta dosis de contacto corporal. Cuando no puede acceder a él durante mucho tiempo, corre el riesgo de enfermar física y mentalmente». Además, explica que «cuando nos tocamos, se produce primero una deformación física. A continuación, se envían una serie de señales al cerebro, que este procesa. Finalmente, se segregan diversas hormonas neuroquímicas que se distribuyen por todo el cuerpo a través del torrente sanguíneo. En ese momento, el ritmo cardíaco baja, la respiración se ralentiza y la musculatura se relaja. Cuanto mejor conocemos a alguien, más rápido se pone en marcha esta —llamémosla así— biología del tacto».

En resumen: el contacto físico es importante. Es probable que lleves ya un tiempo sin disfrutar de él, primero porque en vuestra relación había desaparecido y segundo porque no has vuelto a experimentarlo desde la ruptura. Pues te diré que es una putada. Y resulta completamente normal que lo eches de menos, y también que tal vez estés buscándolo (¡pero, por fa-

FECHA

vor, no con tu ex!). Ahora se trata tan solo de reconocer este anhelo como lo que es: el deseo de acceder a un recurso vital.

En caso de que suelas leer este libro por las mañanas, vuelve esta noche a esta página y marca con una cruz las opciones que se apliquen a tu caso:

Tu día de hoy ha sido...

- ○ ... más largo que un día sin pan.
- ○ ... asfixiante.
- ○ ... insoportable.
- ○ ... insustancial.
- ○ ... tranquilo.
- ○ ... agitado.
- ○ ... extenuante.
- ○ ... gris.
- ○ ....

¿Quién podría darte mañana un abrazo de verdad?

....

19

DÍA

Justo en esos días en los que la pérdida se hace prácticamente insoportable, no solo desde el punto de vista mental, sino también desde el punto de vista físico, la esperanza acude, rauda y veloz, a llamar a tu puerta. Bueno, lo más probable es que ni siquiera llame, en sentido estricto: más bien, embestirá con un ariete tu corazón y logrará así colarse en él. Después, entrará en tu cerebro acompañada de un batallón de carros de combate.

¡Tatáááán! ¡Conquistada!

La esperanza es una verdadera cerda. Nadie la ha descrito de un modo más hermoso que la autora sueca Lena Andersson en su novela *Apropiación indebida*, en la que advierte: «La Esperanza es un parásito del cuerpo, que vive en una total simbiosis con el corazón humano. No basta con ponerle una camisa de fuerza y encerrarla en un oscuro rincón. Tampoco sirve de nada imponerle una dieta de hambre. No se puede poner al parásito a pan y agua; el suministro de alimentos debe ser cortado de raíz. [...] A la Esperanza ha de matársela de hambre para que no engañe y ciegue a su huésped. A la Esperanza solo se le puede dar muerte con una brutal sinceridad».

Ajá. Lee estas frases dos veces, con tranquilidad. Retumban como una explosión. Y resultan terriblemente dolorosas. Pero expresan la verdad. Cada gotita de «Todo se está arreglando» o de «Seguro que entra en razón» es como darle tres pizzas a la esperanza: primero le permiten recobrar fuerzas y después la engordan, hasta que va haciéndose más y más voluminosa y termina sitiando todo tu pensamiento y tu acción.

Así no vas a conseguir nada.

Mejor, cómete una pizza de verdad. Con amigos. Y manda bien lejos a la esperanza. Hazlo cada día. También en el día de hoy. En algún momento, se acabará hartando, se hará notar cada vez menos y desaparecerá.

FECHA

Pregúntales a tus amigos qué es lo que no aguantaban de tu ex y anótalo a continuación:

UN LIBRO QUE RECOMIENDO

La novela de Lena Andersson que he citado en la página de la izquierda tiene como protagonista a Ester Nilsson, una mujer de treinta y un años que se ha enamorado de Hugo, un artista mucho mayor que ella que se pasa el tiempo dándole vanas esperanzas. Ella es perfectamente consciente de lo que ocurre, pero no consigue desengancharse de él ni de sus artimañas estratégicas. La autora narra, con un ritmo magistral, una historia perfecta para cualquier persona que haya sufrido *ghosting*, se haya sentido utilizada o haya descubierto que hay alguien más en la relación. En caso de que te hayas visto inmersa en una situación de ese tipo o la estés viviendo justo ahora, es posible que la lectura de esta novela provoque en ti un impacto liberador y catártico.

20

DÍA

La esperanza es capaz de sobrevivir incluso a la estupidez. Si aceptamos esto, nos resultará más sencillo dejar de avergonzarnos por ser estúpidas (por cierto, durante el duelo tras una ruptura lo seremos tanto o más que durante a etapa de luna de miel). Un siguiente paso que también nos será de mucha ayuda en este proceso es darnos cuenta de que el tío en cuestión es como es, y no como podría ser. Pero vayamos por partes. Primero hay que diferenciar entre estos dos conceptos.

Es totalmente normal que proyectemos en nuestra pareja determinadas características y actitudes. De hecho, creer que alguien es mejor de lo que en realidad es resulta incluso bastante útil para la evolución. La clave: la reproducción. Sin duda, desde fuera apreciamos ciertos talentos y potenciales mucho mejor que los propios interesados, pero no debemos olvidar que, a la hora de la verdad, hay que enamorarse de la persona, y no de lo que esta puede llegar a ser. Si con frecuencia nos enamoramos más bien de esto último es por nuestra tendencia a sobrevalorar nuestra propia capacidad de conocer a los demás. Los psicólogos se refieren a esto como el fenómeno de las «ilusiones positivas»: estamos convencidas de que podemos evaluar con exactitud a la persona que tenemos delante. Se trata de un truco muy inteligente de la naturaleza, que de esta manera consigue que nos sintamos superiores y creamos que tenemos el control. Si a eso le unimos que, además —y de una manera muy generosa por nuestra parte—, siempre queremos ver lo bueno del otro, la combinación puede inducirnos fácilmente a error. Y si esto ocurre cuando estamos enamoradas, es posible que el resultado sea fatal. En estos tiempos de cuentas gestionadas con meticulosidad en las redes sociales, es lógico que estas valoraciones positivas se aviven de un modo muy intenso. No es nada difícil que nos atraiga alguien que parece ser realmente fantástico ¡y hasta tener superpoderes!

Sin embargo, cuando estamos ya en una relación, esta imagen idealizada del otro acaba cubriéndose de grietas. A veces esas grietas nos pueden llegar a gustar, pero lo habitual, a decir verdad, es que no sea así. Lo que ocurre es que tras una separación apenas nos acordamos de esas grietas: lo que recordamos sobre todo son las cualidades extraordinarias.

Reflexiona un poco: ¿de verdad era él tan extraordinario como pensabas?

FECHA

¿Qué cualidades de él te gustaban especialmente?

¿Qué aspectos habría podido mejorar?

¿En qué era, simple y llanamente, un auténtico desastre?

21

DÍA

Muchas mujeres tienen la impresión de que siempre se enamoran de la persona equivocada. Aun cuando en los primeros momentos de una relación estén convencidas de que esta vez el tío que han elegido no es del tipo «bebedor social», «hombre con miedo al compromiso» o «adicto al trabajo», un par de semanas más tarde se dan cuenta: «¡Ups! ¡Lo he vuelto a hacer!».

En estos tiempos de autorreflexión, aforismos en Instagram y monogamia en serie, lo cierto es que, en torno a los veinticinco años como muy tarde, ya tenemos establecido un prototipo muy concreto de hombres que nos atraen. Tal vez incluso somos conscientes de por qué siempre nos enamoramos de la misma clase de tíos. Ahora bien, saber cómo salir de esa espiral... ya es más complicado.

En los estudios sobre terapia de pareja se distinguen cuatro tipos de apego: el apego seguro, el apego inseguro evitativo, el apego inseguro ambivalente y el apego desorganizado. Que evolucionemos hacia uno u otro dependerá de las experiencias afectivas que hayamos tenido en nuestra infancia. Lógicamente, esas vivencias también determinarán en buena medida si más adelante nos sentiremos satisfechas con nuestras relaciones o si tendremos siempre la sensación de que hay gato encerrado y de que, al final, todo nos va a salir mal. La psicóloga Kirsten von Sydow alerta sobre una conducta especialmente peligrosa: «Al principio de una relación, todos los enamorados idealizan a la persona que tienen delante. Sin embargo, las personas que han pasado por experiencias de apego difíciles se las apañan más tarde para no establecer un vínculo seguro. En lugar de ello, se unen a una pareja que las descuida o que las maltrata. Desde su infancia, se han acostumbrado a no ser importantes para los demás o incluso a sufrir abusos emocionales, físicos o sexuales. De hecho, muchas personas prefieren tener una relación dañina a no tener ninguna». ¡Uf!

Y aquí llega el factor clave y universal que explica las relaciones tóxicas: «Este tipo de relaciones suelen ser insanas para las personas implicadas, pero a veces también son especialmente apasionadas».

FECHA

Probablemente también en este caso debemos culpar a Hollywood de que a menudo confundamos un gran drama con un gran amor. Aunque también podríamos culpar a todas las obras literarias que se han escrito en el mundo a lo largo de la historia. O culpar al universo, si nos ponemos.

Identifica qué patrón estás siguiendo. Eso te ayudará a que la próxima vez que te lances al campo de batalla vayas con algo de visión, y no a ciegas. Y a que, si finalmente te encuentras frente a frente con el enemigo, tengas la precaución de apartarlo y decirle: «No, gracias, no me interesa».

¿Qué características tienen en común todos tus ex?

¿Qué características te gustaría que tuviera tu futura pareja?

UN LIBRO QUE RECOMIENDO

Si quieres profundizar en el tema del apego, puedes leer la recopilación de artículos científicos *Bindung in Psychologie und Medizin: Grundlagen, Klinik und Forschung* («El vínculo en la psicología y en la medicina: fundamentos, aspectos clínicos e investigación», aún sin traducción al castellano). Si prefieres empezar con algo más divulgativo, el clásico *Jeder ist beziehungsfähig: Der goldene Weg zwischen Freiheit und Nähe* («Todos somos capaces de mantener una relación: la senda dorada entre la libertad y la cercanía», aún sin traducción al castellano), de la terapeuta Stefanie Stahl, es un buen principio. Ambas obras proporcionan datos científicos y no tienen nada que ver con la típica charlatanería que puedes encontrar en algunos libros de autoayuda pseudocientíficos.

22

DÍA

Bienvenida a una nueva entrega de la serie «Confirmando tópicos». Da la impresión de que, por cada tema importante, existe un estudio que quiere demostrar a toda costa que existen espantosas diferencias entre hombres y mujeres. Por ejemplo, un estudio sobre la disposición de los alemanes a meterse en conflictos que elaboró Advocard Rechtsschutzversicherung AG, empresa de seguros de defensa jurídica, se interpretó en su momento del siguiente modo: las mujeres discuten más que los hombres y también durante más tiempo que ellos. La pregunta que cabe hacerse es obvia: ¿con quién se pelean ellas, si resulta que los hombres no entran en enfrentamientos? ¿Con otras mujeres solo? En fin, es probable que esta sea tan solo una cuestión de perspectiva.

De cualquier manera, ¿acaso el límite que determina si una conversación es un mero debate o una discusión en toda regla no depende en realidad de la sensibilidad de cada cual? Esta cuestión parece muy difícil de valorar, pero eso no impide que se lancen alegremente afirmaciones como la de que las mujeres discuten más. Yo estoy segura de que nadie se entusiasma ante la perspectiva de una pelea. Por eso, propongo que nos fijemos más bien en un estudio de John Gottman que no busca conseguir una repercusión mediática sin más, sino conocer mejor las relaciones interpersonales. Durante décadas, este psicólogo observó cómo se comunican hombres y mujeres, analizándolos en un entorno en el que se sentían cómodos, como, por ejemplo, en un piso en el que previamente se habían instalado varias cámaras. Su conclusión: «Rara vez las parejas que discuten permanentemente consiguen llegar a soluciones constructivas. En la mayoría de los casos, los esfuerzos por resolver diferencias fundamentales de opinión a través de un arduo trabajo de reconstrucción de la relación están condenados al fracaso».

Pues mira qué bien… Para la próxima vez, más nos valdría tener en cuenta lo siguiente: cuando las peleas se convierten en una costumbre, es mejor que reaccionemos antes de lo que lo hicimos en el pasado y que nos pongamos a pensar si realmente queremos seguir en esa relación. Porque una cosa está clara: el paso del tiempo no hará que las cosas vayan a mejor.

FECHA

¿Sobre qué discutisteis la última vez?

¿Cuáles eran vuestros temas clásicos de discusión?

¿Qué cosas suyas te sacaban de quicio?

¿Qué cosas tuyas le sacaban de quicio?

¿Vuestras reconciliaciones eran sinceras?

¿Con qué frecuencia discutíais?

23

DÍA

«El miembro de la pareja que intenta tener razón está disponiendo de la realidad del otro, que no tiene más remedio que defenderse o someterse. Pero en ese caso los dos miembros dejarán de estar al mismo nivel. Quien quiera tener razón, mejor que no se case.»

¡Zasca!

Estas palabras son de Oskar Holzberg, terapeuta de pareja, y dejan muy claro cómo se puede dar al traste de un modo infalible con una relación. Por desgracia, el deseo de tener razón forma parte de nuestra naturaleza. A todo el mundo le gusta salirse con la suya: algunos lo disimulan más; otros, menos. Y una separación es una situación en la que muy a menudo se cuela la siguiente ecuación de ideas: «Si tan solo él se diese cuenta de que en tal tema yo llevo la razón e hiciera lo que le digo, entonces se acabarían nuestros problemas y seríamos la pareja más feliz del mundo».

Ya, bueno, pero el caso es que él no lo ve así. E intentar convencerlo con una batería de argumentos perfectamente elaborados —por mucho que te empeñes en declamarlos, en transmitírselos por mímica o incluso en representárselos mediante una coreografía— es una pérdida total de energía. (Más te valdría emplear esa energía en algo más útil. De hecho, en este caso hasta ver vídeos de gatitos sería más útil.)

En algún momento él decidió que no quería o no podía ceder en ese tema. Y eso es como tomar una salida: quien se va ya no está aquí. Además, detrás de ese tema no hay más que un sinfín de pequeñas miserias que nos sacan de quicio.

Por cierto, tampoco habrías podido salvar la relación si NO hubieses exigido lo que deseabas o lo que era importante para ti. Eso habría supuesto caer en el autoengaño, lo cual tampoco da la felicidad.

FECHA

¿Con qué tema acababais siempre empantanados?

¿Cuáles eran sus argumentos?

¿Cuáles eran los tuyos?

¿Cuáles de los siguientes principios de frases podrían ser perfectamente tuyos?

- ○ «Lo que pasa es que tú nunca...»
- ○ «Lo que pasa es que tú siempre...»
- ○ «Pero ¿no te das cuenta de que...?»
- ○ «Si al menos por una vez hicieras...»

24

DÍA

A veces es mejor tener una comunicación de mierda que no comunicarse en absoluto. De hecho, incluso preferiríamos estar con nuestro ex tirándonos los trastos a la cabeza a seguir soportando este silencio.

Ya ha pasado algo de tiempo desde la separación. Estoy segura de que en este período ha habido días en los que has pensado: «Bueno, al fin y al cabo, puede que no todo fuera tan malo». Y en la mayoría de los casos habrás comprobado que entonces se abre ante ti un enorme agujero que ni siquiera has visto venir. Y no tienes ninguna posibilidad de quedarte de pie al borde ni de rodearlo a una prudente distancia. Simplemente, te hundes en él. Hasta lo más hondo.

En ese momento llega la culpa. La sensación de que eres responsable de toda esta mierda. Y empiezas a odiarte. Y, por fin, te rindes.

En su obra *Super, und dir?* («Yo muy bien, ¿y tú?»), la autora Kathrin Weßling arroja a su protagonista justo a ese abismo. «Estoy desnuda frente al espejo. Me observo. Me quedo así un buen rato, porque no sé qué debería hacer. [...] Contemplo mi reflejo e intento comprender quién está ahí, qué le ha pasado a esa mujer. [...] Me miro y soy incapaz de ofrecer ninguna respuesta a la pregunta ¿quién eres?. ¿Qué te ha pasado, qué demonios te ha pasado, qué te ha destrozado de esta forma?».

Como ves, no estás sola.

Y en una situación como esta solo tienes dos opciones: puedes continuar odiándote, gastar en ello toda tu energía, perder las ganas de seguir adelante y acabar con todo; o bien puedes levantarte ahora mismo y hacer algo que no te suelas permitir, ya sea porque es demasiado caro, porque requiere mucho tiempo o por lo que sea.

¡Al infierno!

Decídete.

FECHA

¿Cuál fue el peor día de vuestra relación (aparte del día de la ruptura)?

Si el dinero o el tiempo no fuesen un problema, ¿qué te gustaría hacer ahora mismo?

¿Qué te impide hacerlo?

¿Habría alguna versión «mini» de ese proyecto que sí te resultaría factible? (De ser así, ¿en qué consistiría?)

UN LIBRO QUE RECOMIENDO

La novela de Kathrin Weßling *Super, und dir?* (aún sin traducción al castellano) narra la historia de una típica *millennial*: Marlene, una chica de treinta y un años que trabaja demasiado y que tiene problemas con las drogas y con las relaciones. Al principio, esas dificultades apenas son perceptibles, pero con el tiempo se van agravando. En un momento dado, de todas esas fuentes de crisis surge una verdadera guerra, que Marlene librará sobre todo consigo misma. Estoy casi segura de que en tu actual situación te verás reflejada en este libro.

25

DÍA

No poder querer.

No poder querer es uno de los tormentos más duros que cabe sufrir en una relación. Necesitar algo pero reprimirse por miedo a que el otro nos considere pesadas o poco atractivas, o a que le dejemos de parecer adorables si se lo pedimos. En cualquier caso, resulta evidente que esto de negar e ignorar las necesidades, nuestras propias necesidades, con tal de que nos quieran es un comportamiento típicamente femenino.

Es normal que queramos gustarle a nuestra pareja (aquí no estamos hablando de la obsesión patológica por gustar a los demás), pero tan pronto como empezamos a constreñirnos de forma habitual porque tememos que el otro pierda su interés por nosotras, podemos decir que estamos ya en el principio del fin. En su relato *The crane wife* («La esposa grulla»), la autora C. J. Hauser describe a una protagonista que se hace más y más invisible a medida que intenta retener a su amado. Se adapta a él, se retuerce, ignora sus propias necesidades y sus deseos. Hasta que, en un momento dado, se da cuenta de lo mucho que se ha mentido a sí misma y cancela su inminente boda.

No es malo que quieras algo. De hecho, incluso es muy bueno. Y si el otro no se da cuenta o, en el peor de los casos, te pone palos en la rueda, significa que no es la persona con la que serás feliz a largo plazo. Cualquiera puede necesitar otro entorno, otras sensaciones y otras cosas para sentirse satisfecho. Evidentemente, no siempre podemos tenerlo todo, pero lo esencial tiene que encajar.

¡No dejes nunca de desear! Que quieras ser feliz no significa que seas pedigüeña. Tienes que desear mucho. De hecho, ¡tienes que desearlo todo!

Simplemente, permítete hacerlo.

FECHA

¿En qué aspectos tu ex te hacía sentir que exigías demasiado de él o de vuestra relación?

- ○ En la frecuencia de vuestras citas.
- ○ En el tipo de citas que teníais.
- ○ En la duración de vuestras citas.
- ○ En tu deseo de comunicarte más (o menos) con él.
- ○ En la planificación de vuestras actividades comunes.
- ○ En la planificación de vuestro futuro.
- ○ En la frecuencia con que te declaraba su amor.
- ○ En tu deseo de cercanía.
- ○ En la calidad de la cercanía.
- ○ En tu deseo de encontrar estabilidad emocional.
- ○ En tu deseo de encontrar comprensión.
- ○ ....

¿De qué forma intentabas gustarle?

....

¿Era él consciente de ti y de tus deseos?

SÍ NO

De dónde viene la falsa idea de que las mujeres tienen que salvar a los hombres

Una de las mentiras más antiguas y estúpidas de la humanidad dice así: los hombres solo pueden salvar a las mujeres empleando su fuerza física y las mujeres solo pueden salvar a los hombres empleando su inteligencia y su sensibilidad. Evidentemente, lo que esta narrativa sugiere es que, en principio, los hombres son más fuertes y las mujeres, más inteligentes y empáticas. Da por hecho, además, que en una relación siempre hay alguien a quien se debe salvar. Todo esto, como resulta lógico, es una chorrada. Pero hay otra chorrada aún mayor: el cuento de que en una relación entre un hombre y una mujer la atracción que sentirán el uno por el otro será más profunda y auténtica cuanto más complicadas sean las circunstancias que los rodean. A mayor dificultad para estar juntos, más apasionado será el amor.

La autora Meredith Haaf ha escrito un interesante ensayo sobre este tema, que lleva por título *Rette mich, Baby* («Sálvame, *baby*»). En él aborda especialmente el género literario para adolescentes *new adult*, que describe del siguiente modo: «El *new adult* [...] se centra casi exclusivamente en algo a lo que, podríamos decir, las mujeres jóvenes suelen seguir dedicándole demasiada energía, a pesar de todos los pesares: los hombres difíciles y el sexo (idealizado) con ellos. [...] El modelo romántico de la sirvienta que, gracias a la bondad de su corazón y a sus sensuales curvas, logra conquistar a su señor —un hombre con muchas heridas interiores— ha resistido sin problemas a la igualdad de las relaciones entre géneros, como también lo ha hecho esa mentira cotidiana, tan popular entre las mujeres, de que detrás de un hombre desagradable lo que hay, en realidad, es un pequeño trauma que, con una pizca de habilidad erótica, se puede sanar. Lo descubrimos a más tardar con el gran éxito mundial de la novela *Cincuenta sombras de Grey*, de E. L. James. [...] A menudo, detrás de un hombre lunático no suele haber más que una educación deficiente, y eso es una conclusión a la que, con frecuencia, las mujeres solo llegan después de mucho esfuerzo por su parte».

No solo los libros, sino también internet —fuente de grandes alegrías, pero también de inmensos pesares— proponen constantemente a las adolescentes estupideces de este tipo. Por ejemplo, *miss.at*, revista digital austríaca de estilo de vida dirigida a adolescentes (y que es la versión para internet de la publicación *miss Magazin*) enumeraba en 2019 (no, por desgracia no se trataba de un artículo de 1952) los «motivos por los que una mujer fuerte es la (¿única?) salvación para un hombre inmaduro»:

«1. Puede ayudarle a superar sus complejos.
2. Puede mostrarle una imagen diferente de las mujeres.
3. Puede mostrarle una imagen diferente de los hombres.
4. Puede hacer las veces de mejor amiga.
5. Puede "reeducarlo"».

Una reflexión: si desde tantos frentes se sugiere a las chicas, ya desde una edad tan temprana, que merece la pena hacerle la corte a alguien que en realidad se comporta constantemente como un gilipollas inmaduro, ¿de verdad cree alguien que ellas podrán mantener relaciones sanas cuando lleguen a la edad adulta? Mmm... Dame un minuto para pensarlo... Mi respuesta: la situación es desastrosa no, lo siguiente. Y si los chicos piensan que solo conseguirán algo de las mujeres si se muestran fríos y distantes pero al mismo tiempo posesivos, ¿es posible pensar que de todo esto saldrá algo equilibrado? ¿Quién puede ser feliz así? No es tarea de una mujer adulta salvar a su compañero, ni tampoco educarlo o ayudarlo a organizar su vida, como si ella fuese una especie de gestora de proyectos. Eso no es apoyar al otro: es ofrecerle un tipo de asistencia que en condiciones normales deben proporcionar profesionales debidamente formados, y a cambio de dinero, además.

A todo esto se une el hecho de que en nuestra sociedad las mujeres siguen asumiendo en mayor medida la tarea de los cuidados. Se da por hecho —así nos lo han enseñado— que en una relación ellas deben continuar desempeñando ese papel. No hay nada de malo en preocuparse por las personas que son importantes para nosotras, pero eso no quiere decir que a las mujeres que tienen pareja les corresponda resolverles la vida a los hombres ni estar pendientes de que se pongan calzoncillos limpios antes de salir de casa. Una relación en la que uno de sus miembros tiene la impresión de que su deber es salvar al otro no puede funcionar.

¿Y qué tiene que ver todo esto con el duelo que se vive tras una ruptura? Pues muchísimo. Precisamente cuando llevamos tanto tiempo sintiéndonos responsables de otra persona, su ausencia deja un enorme vacío en nuestra vida. Un vacío que, sencillamente, es imposible llenar tratando de distraernos con otra cosa, porque nuestros pensamientos vuelven de forma automática, una y otra vez, a este trabajo de cuidados con disponibilidad veinticuatro horas al día y siete días a la semana. Es algo así como si a alguien que lleva toda su vida laboral junto a la vía de un tren, subiendo o bajando una barrera según se lo indique una señal acústica, le dijésemos de repente: «Ea, ya puedes jubilarte. Se acabó esto de la barrera. Ya no necesitamos guardavías, para eso tenemos la inteligencia artificial». Pues bien, ese guardavía seguirá oyendo la señal aun cuando esté a kilómetros del paso a nivel. Las mujeres continúan preocupándose de aspectos de la vida cotidiana de sus ex incluso en las situaciones más triviales, aunque ellos se hayan marchado hace ya mucho tiempo. En el supermercado piensan: «¿Habrá comido bien?». Al mirar el calendario: «¿Se habrá acordado de que hoy es el último día para presentar la declaración de la renta?». Al volante: «¿Habrá pedido ya cita para la ITV?». El perro de Pávlov es una estúpida anécdota en comparación con esto.

Sin embargo, también podemos darle la vuelta a esta sensación de pérdida para que tome un rumbo más sano: ¿por qué llorar por alguien para el que solo hemos sido unas cuidadoras? Él no tardará en sustituir a la cuidadora A por la cuidadora B (y posiblemente por la inteligencia artificial; ¡ahora todo gira en torno a la inteligencia artificial!). Lo importante en estos momentos es que tú estés mejor, no que él esté mejor. Cualquier esfuerzo por prestarle ayuda ahora es inútil. Y es evidente que él no irá dando trompicones por la vida, completamente perdido, tan solo porque tú ya no estés a su lado.

En realidad, cuando te has pasado tanto tiempo asumiendo la responsabilidad de otra persona, la idea de que pueda apañárselas bien sin ti resulta especialmente dolorosa. Pero es así. Debemos renunciar a ese control. Y la pérdida de control duele tanto como el abandono, o incluso más. Aquí tenemos otro bonito montón de dolor que, una vez más, podría explicarse en parte por el patriarcado. Fantástico todo, ¿verdad?

Por cierto, el misógino texto de la plataforma austríaca para adolescentes al que me referí antes empezaba con las siguientes palabras: «Los hombres siempre son, en cierto modo, unos críos. También en eso radica buena parte de su encanto y de su poder de atracción ante las mujeres. En muchos ámbitos necesitan a veces un tierno empujoncito hacia la realidad, y lo mejor es que se lo dé la mujer a la que quieren. ¡¡¡Y no, no estamos hablando de su mami!!!».

¿En serio?

Si hay alguna mujer responsable de que un niño no acabe convirtiéndose en un gilipollas egoísta que va por ahí pisoteando sentimientos, esa es, sin lugar a duda, su madre. Pero la responsabilidad también es del padre. La clave: dar ejemplo. Si hoy en día se siguen pensando y escribiendo estas memeces, no debemos sorprendernos de que no consigamos alcanzar la igualdad de género.

26

DÍA

Hay momentos en la vida en los que de lo único de lo que se trata es de sobrevivir. Nos quedamos suspendidos, un día tras otro, trabajando para alcanzar un objetivo determinado, aunque ese objetivo consista en el mero hecho de que algo termine: un examen importante, una mudanza con la que llevamos mucho tiempo soñando o, sencillamente, el último día en la oficina antes de las vacaciones. En cierto modo, es como aquella metafórica zanahoria que, en la fábula, colgaba justo delante del hocico de un burro. En nuestro interior, albergamos la creencia de que, cuando llegue el día X, todo cambiará para bien.

No es nada infrecuente que esto ocurra también en las relaciones. Se aguantan las fases sosas, las fases complicadas y las fases confusas, siempre con la convicción de que, en realidad, no son más que fases temporales. Una especie de estado de excepción.

Aquí va un adelanto informativo: resulta que la vida es una sucesión de estados de excepción. Si no os va bien en esa sucesión es que no os va bien y punto. Según la vieja escuela romántica, una relación es buena cuando funciona tanto en los buenos momentos como, SOBRE TODO, en los malos. Y para conseguirlo se necesita mucho más que una frasecita motivacional que un *influencer* haya tenido a bien bordar en un cojín. Es bastante lógico.

Confiar en que entre vosotros todo irá mejor cuando hayáis alcanzado determinado hito es una forma un tanto torpe de negar la evidencia. La realidad es justo la contraria: precisamente ese tipo de adversidades deberían uniros más. La palabra mágica aquí es «resiliencia», que se refiere a la resistencia mental, es decir, a la capacidad de superar las crisis y de aprovecharlas para evolucionar, haciendo uso de los recursos personales y de aquellos que proporciona la sociedad. No todas las personas son resilientes por naturaleza: una vez más (¡oh, sorpresa!) esta habilidad hunde sus raíces en la infancia. Pero también es posible aprender a serlo. En la actualidad, la investigación en torno a este tema avanza a un ritmo frenético. De hecho, hace unos años abrió en Maguncia el primer centro de resiliencia de Europa, vinculado a la universidad de esta ciudad alemana. Pues bien, esto es lo que se sabe con certeza de momento: parte del secreto de las parejas duraderas reside en su habilidad para sobrellevar en común las cri-

FECHA

sis, que consolidan su relación e incluso les proporcionan una salud más estable.

Esto significa, en resumidas cuentas, que si el tío en cuestión no es capaz de convertirse en un apoyo para ti durante las fases difíciles (y tú tampoco eres capaz de convertirte en un apoyo para él), lo vuestro está condenado al fracaso, independientemente de cuánto tiempo andéis mareando la perdiz.

No pierdas el tiempo.

¿Cuáles han sido los últimos hitos que te has esforzado por alcanzar?

¿En qué circunstancias te dejó él en la estacada?

Ahora, con la mano en el corazón: ¿en qué circunstancias lo dejaste tú en la estacada?

27

DÍA

Si duele, debe de ser porque aquello era amor, ¿verdad? Pero ¿realmente lo era? ¿Realmente lo es? ¿Ese sentimiento vuelve? ¿Se ha ido ya? ¿Y por qué estás tan enfadada contigo misma?

Tarde o temprano, cualquier persona que haya pasado por una separación acaba planteándose estas preguntas. Y, a lo largo de su recorrido por semejante terremoto de sentimientos, deja de confiar en sí misma. De repente, descubre cómo se siente alguien que está perdiendo el juicio. Todo esto la enerva. Y, como no puede dirigir su ira contra aquel que la ha arrastrado hasta semejante situación —porque, sencillamente, no está—, adopta la solución más fácil: dirigirla contra ella misma. Pues mira qué bien.

Lo más probable es que nadie pueda decir con seguridad si eso que siente es amor verdadero. Para dar respuesta a esta pregunta es mejor aplicar un método de eliminación. En su *Millennial-Manifest* («Manifiesto *millennial*»), la escritora Bianca Jankovska lo resume con mucho acierto: «Todavía no sé qué es el amor. Solo sé lo que no es. Lo que no puede ser. El amor no es esa sensación de inquietud que me invade el estómago y los intestinos y que hace que se me disparen de forma automática todas las alarmas cuando, a pesar de que tengamos una cita acordada, el otro tarda demasiado en dar señales de vida y me deja comiéndome la cabeza por cualquier tontería que le haya podido decir sin pensar. El amor no es desaparecer durante dos semanas sin previo aviso. El amor no es decir que tal vez dentro de cinco años nos iremos a vivir juntos».

¿Qué tal? ¿Te sientes reflejada en estas palabras?

En realidad, da igual lo que fuera en su momento, porque lo que hoy queda, desde luego, no es nada bueno. Tienes todo el derecho a estar enfadada, pero no contigo misma. No pienses que podrías haberte dado cuenta antes, haber evaluado mejor a la persona que tenías delante o haber sido menos ingenua.

FECHA

EL BINGO DE LAS MEMECES

De las siguientes frases típicas de un *fuckboy*, marca aquellas que perfectamente podría haber pronunciado tu ex:

«No tenía batería en el móvil.»	«No he visto tu mensaje.»	«Ahora mismo todavía no puedo responderte a eso.»
«Perdona, lo había olvidado por completo.»	«¡Qué bien que seas tan diferente a las demás mujeres!»	«De verdad que yo no suelo hacer esto.»
«Esto no tiene nada que ver contigo.»	«Primero tengo que sanar mis heridas.»	«Necesito tiempo para sentirme capaz de comprometerme con alguien.»

Por cierto, la única respuesta que merecen frases como estas es: «¿Ah, sí? ¡No me digas!».

28

DÍA

Lo que viene a continuación es un ejemplo ficticio de algo que no sucedió exactamente como lo describo (a lo sumo, solo de una forma parecida): pongamos que los protagonistas se llaman Fulanito y Menganito. Pues bien, ambos son amigos. Resulta que Menganito tiene el cerebro de un mosquito. De un mosquito descerebrado, concretamente. A veces, Fulanito se siente un tanto inseguro acerca de las decisiones que debe tomar, así que suele pedir consejo a Menganito. Menganito es garantía de aplauso: de hecho, aplaude con entusiasmo cualquier cosa que le diga Fulanito. Los dos se coordinan a la perfección, como si fuesen un par de animadoras de baloncesto. Cuando Fulanito rompió con su novia, aquello fue un gran motivo de alegría para Menganito. Por fin tenía a su colega para él solito.

¿Te suena esta historia? Probablemente todas las mujeres (y también todos los hombres) han pasado alguna vez por esta experiencia. Y, por muy idiota que te parezca Menganito, lo cierto es que su actitud también resulta hiriente. Pero te diré algo que te aliviará un poco: lo bueno es que ya no tienes que aguantarlos, ni a él ni a su cerebro de mosquito.

Lo malo, en cambio, es que después de una ruptura te tocará ir descubriendo cuáles de vuestros amigos comunes se ponen a favor de una parte o de otra y, de repente, te sorprenderá el posicionamiento de algunos de ellos. Porque, por mucho que todos los que se declaran neutrales se esfuercen por ser imparciales y no tomar activamente partido por nadie, siempre tendrán una preferencia. Y aquí viene lo realmente triste de este asunto: según el psicoterapeuta Wolfgang Krüger, después de una separación casi siempre se pierde a un grupo de amigos. Por eso, la estabilidad psicológica, que se desmorona durante la ruptura, solo puede recuperarse con los (buenos) amigos de cada cual.

Hablemos de amigos, pues: ¿cuáles de ellos quieres conservar, cuáles preferirías que se fueran, cuáles han terminado siendo mejores amigos de lo que pensabas? Lo importante aquí es que, cuando negocies, no pienses solo en ganar. En una ruptura, las amistades no se pueden repartir como si se tratase de bienes del patrimonio común. Y, aunque quisieras que así fuese, tu capacidad de influir sobre las decisiones de cada cual es limitada.

FECHA

En último término, no se trata de quién sale ganando y se lleva consigo la mayor cantidad de gente (por mucho que nos gustara ganar a nosotras, que ya hemos perdido tanto).

¿Qué amigos comunes te gustaría seguir conservando?

¿Qué personas de vuestro círculo común de amistades piensas que se quedarán contigo?

¿A qué amigos suyos les acabaste cogiendo cariño durante vuestra relación?

¿Cuál de sus amigos te sacaba más de quicio?

29

DÍA

Muchos terapeutas de pareja sostienen que una relación larga solo es conveniente si nuestro novio es, al mismo tiempo, nuestro mejor amigo. Para defender esta posición suelen citar a Friedrich Nietzsche, que se supone que en cierta ocasión dijo lo siguiente: «No es la falta de amor lo que hace que los matrimonios fracasen, sino la falta de amistad». Pero claro, como Nietzsche también tenía opiniones bastante discutibles, es habitual que acto seguido los mismos autores citen a John Gottman y Esther Perel, investigadores expertos en relaciones de pareja, que tienen una opinión ligeramente distinta, sobre todo porque consideran que pedir que alguien sea nuestro amante Y TAMBIÉN nuestro mejor amigo es demasiado. Sea como fuere, probablemente todas estemos de acuerdo en que es mejor que el hombre con el que nos acostamos también sea alguien a quien podamos contar de cuando en cuando nuestras emociones.

Pero ¿qué ocurre cuando esa persona se marcha? Paradójicamente, que nos encontraremos en una situación excepcional para nuestro corazón en la que, de forma orgánica, sentiremos la necesidad de hablar... justo con quien ha provocado semejante siniestro total. Precisamente porque es lo que hemos hecho en los últimos meses o años. Por automatismo, por rutina, por costumbre, por esto o por aquello. En la recopilación de ejemplos de ruptura que incluyeron en su obra *Schluss jetzt – von der Freiheit sich zu trennen* («Pongamos fin a esto: sobre la libertad de separarse»), Heike Blümner y Laura Ewert lo describen de un modo muy acertado: «Es un momento extraño, en el que, de repente, ponemos distancia con respecto a la persona en la que más confiamos. Durante cinco, diez o más años, esa persona estaba ahí, de forma natural, al alcance de nuestra mano, pero a partir de este momento deja de estarlo».

¿A quién recurrir entonces en esos días en los que no podemos seguir soportando el dolor del corazón roto, el caos en la cabeza y el peso sobre los hombros? En cualquier caso, no al ex, por favor. Sin embargo, nuestro deseo de que la persona menos indicada nos consuele se convierte en una necesidad. Y a veces no se puede hacer nada contra ella…

FECHA

A pesar de todo, intenta no sucumbir a esa necesidad. En cierto modo, soportar el dolor tras una ruptura es como ser un alcohólico en proceso de recuperación. La tentación siempre estará ahí, pero lo importante es el empeño que pongas en mantenerla a raya. Y si recaes, empieza de nuevo desde el principio. Hasta que la frecuencia de esas recaídas sea cada vez menor. Por cierto, en Alcohólicos Anónimos tienen una oración que viene al pelo para estos momentos y que puede servir de guía también para los no creyentes: «Señor, concédeme serenidad para aceptar todo aquello que no puedo cambiar, valor para cambiar lo que soy capaz de cambiar y sabiduría para reconocer la diferencia». Así que ya sabes...

¿En qué situaciones él fue para ti un verdadero consuelo?

....

....

....

Guarda esos hermosos momentos en tu memoria. No todo fue una mierda. Pero no te quedes solo con lo bueno.

¿En qué situaciones en las que tú habrías necesitado apoyo él se portó rematadamente mal?

....

....

....

30

DÍA

Piel cálida, besos, dedos que se deslizan por las caderas... ¿Cuándo empezó todo eso a hacerse más y más infrecuente? ¿En qué momento desapareció del todo? ¿Cuándo dejasteis de estar realmente presentes mientras hacíais el amor? Sexo: indicador del nivel de cercanía.

Después de la separación, muchas parejas reconocen con la boca pequeña que ya muuuuucho antes de poner punto final a su relación habían dejado de meterse mano. Existen cifras concretas sobre la frecuencia media de las relaciones sexuales: las personas de entre 18 y 29 años practican sexo 112 veces al año, es decir, 2,15 veces a la semana; las que tienen entre 30 y 39 años, mantienen relaciones 86 veces al año, o sea, 1,65 veces a la semana. En realidad, da igual que esta regla se cumpla o no: en la mayoría de los casos, uno sabe perfectamente cuándo la frecuencia empezó a ser insuficiente en su caso. O cuándo el sexo desapareció por completo de su vida. Este fenómeno no es tan infrecuente.

De hecho, la terapeuta Esther Perel, a la que me referí ya en el día de ayer, pronunció una apasionante charla TED en la que aseguró: «Para que en una relación duradera se mantenga el deseo, es preciso encontrar un equilibrio entre dos necesidades humanas fundamentales: por una parte, está nuestra necesidad de seguridad y previsibilidad, de protección, compromiso y fiabilidad, de permanencia; es decir, de todas esas experiencias de arraigo y pertenencia en nuestra vida a las que denominamos "hogar"; pero los hombres y las mujeres también sentimos una enorme necesidad de aventura, novedad, misterio, riesgo y peligro, de contacto con lo desconocido y lo inesperado, de sorpresa». ¿Cómo puede una misma persona ofrecer ambas cosas a la vez?

Es una carga demencial, y no todas las parejas encuentran estrategias para soportarla. Si a ello se suman la rutina y los rechazos, empezarán a aparecer las heridas, de las que querremos protegernos a toda costa. Y el sexo se irá haciendo más y más infrecuente.

FECHA

Todo esto, lógicamente, es triste. Seguro que los dos miembros de la pareja habríais deseado catapultaros a los primeros momentos de vuestra relación, cuando el sexo estaba presente entre vosotros casi siempre y en casi todas partes. Cuando el sexo formaba parte de vuestro idioma común. Probablemente no hayáis conseguido regresar a esa época. Es humano. No os culpes por ello. Perdónate. Perdónalo.

En los últimos tiempos de vuestra relación, ¿con qué frecuencia manteníais relaciones sexuales?

Marca las opciones que reflejen lo que ocurría entre vosotros:

- ○ A menudo él me rechazaba.
- ○ A menudo yo lo rechazaba.
- ○ Practicábamos sexo sin pasión.
- ○ Ya no nos gustaban las mismas cosas.
- ○ Yo ya no me sentía a gusto con mi cuerpo.
- ○ Él ya no se sentía a gusto con su cuerpo.
- ○ Me parecía que manteníamos pocas relaciones.
- ○ Me parecía que manteníamos demasiadas relaciones.
- ○ Me daba igual que mantuviéramos o no relaciones.
- ○ Me daba la impresión de que a él le daba igual que mantuviéramos o no relaciones.

31

DÍA

Tras una separación, la idea de que alguien nos entienda como lo hacía nuestro ex nos parece totalmente absurda. ¿Cómo va a comprendernos nadie? Sencillamente, es imposible, porque nosotras ni siquiera tenemos ganas o fuerzas suficientes para volver a contar, aunque solo sea a una persona, todo el rollo de nuestra historia. Sentimos que somos una carga. Algo terrible. Así que, por hacer una analogía, en vista de que el ascensor está roto, es mejor subir cinco veces a pie a la planta veintitrés, ¿no?

Seguro que empiezas a adivinar que probablemente esta es una sobrerreacción. Pero el potente efecto de la «atracción de la frustración» (consulta el día 10) disuelve de una pasada esta impresión. Y lo hace con un detergente químico ultrafuerte. Sin embargo, sería mucho más inteligente observar la situación desde una perspectiva racional. O aún mejor: recordar en qué aspectos nuestro ex no nos entendía en absoluto. El terapeuta de pareja Oskar Holzberg sostiene que «la sensación de que "¡la otra persona no me entiende!" es la angustia más frecuente en las relaciones amorosas. Y también la más terrible. Porque nos resulta insoportable que la otra persona, la más importante para nosotros, no comprenda cómo nos sentimos. Que no capte lo que nos ocurre. Cualquier niño llora de soledad y desesperación cuando sus padres no perciben sus necesidades. Y esta misma sensación de desesperación y soledad es la que nos invade en la edad adulta cuando nos sentimos incomprendidos. Lo llevamos grabado en los genes: no podemos sobrevivir solos».

Lo fundamental aquí es lo siguiente: no estás sola. Lo único que pasa es que ya no estás con ese hombre. Eso hace que te sientas muy aislada, pero no tiene nada que ver con la soledad. Estoy segura de que hay infinidad de personas para las que eres muy importante. Y también hay infinidad de personas que son muy importantes para ti.

Es duro que alguien no nos entienda. Además, nos hace sentirnos obligadas a darle vueltas y más vueltas al tema en cuestión para explicarle al otro lo que nos pasa. Esto en sí es una buena actitud, pero empeñarse en mantenerla con respecto al ex es como echarles perlas a los cerdos. De entrada, él no tiene por qué seguir comprendiéndote. Y tú tampoco tienes por

FECHA

qué entenderle. Para eso, necesitarías mucha información de la que ahora mismo no dispones. Por supuesto, puedes intentar recabarla aplicando métodos propios del FBI, pero ¿de qué te serviría? Separarse es como enamorarse: si nos preguntamos por qué hemos tomado esa decisión, en esas circunstancias y en ese momento, siempre habrá un pequeño porcentaje de misterio.

Además, si echamos la vista atrás, tendremos que reconocer algo, aunque sea con la boca pequeña: por suerte, siempre hemos encontrado a alguien que nos ha comprendido. Alguien que ha entendido a la persona que somos en cada momento. Porque esa persona cambia constantemente.

¿En qué circunstancias él no supo comprenderte?

....

....

....

¿Cuáles de los siguientes temas eran todo un clásico en vuestras discusiones?

- ○ La familia.
- ○ La organización del tiempo libre.
- ○ Los amigos.
- ○ Los hijos.
- ○ El trabajo.
- ○ ....
- ○ La gestión del tiempo.
- ○ El dinero.
- ○ El respeto por los sentimientos del otro.
- ○ Las vacaciones.

32

DÍA

Una ruptura no es solo una traición al amor, sino también una traición a la propia persona. Esa rescisión de la lealtad hace que todo se nos tambalee.

Los días en los que dejas que tu furia estalle son los mejores. En cambio, los días en los que permaneces en silencio, mirando absorta por la ventana, son los peores. Porque mientras sucede algo al menos te sientes viva, pero esa contemplación muda es esencialmente fatal. Gunda Windmüller, filóloga especializada en literatura, se pregunta: «¿Por qué creemos que no saldremos adelante sin el amor? Porque pensamos que solo el amor nos convierte en seres humanos completos. Sin embargo, el amor no es más que una vivencia que viene y se va. Nos afecta como personas, en el sentido de que nos afecta en nuestra integridad, en nuestro yo. [...] El amor está en todas partes, ha llegado a ocuparlo todo. Quien se siente excluido de él, se siente excluido de todo».

Ahora estáis separados. No sigas participando en ese juego que parece ser tan importante para la sociedad. Puedes reaccionar entrando en un estado de parálisis. O saliendo a la calle y lanzando un potente cóctel molotov. Y luego otro cóctel molotov más. Si quieres, pásate el próximo 1 de mayo entero haciendo eso, por ejemplo. Eso sí, un consejo importante: lanza los cócteles molotov siempre hacia fuera, nunca hacia dentro. Lanzar un cóctel molotov «hacia dentro» significa dejar de comer, de dormir o de mantener rutinas diarias. No lo dejes todo. Mejor, comienza por el principio.

Thomas Meyer, al que cité ya en el día 6, asegura que «cualquier error a la hora de elegir pareja nos deja una buena enseñanza. [...] Jamás se aprende más acerca de las propias necesidades que en una situación en la que estas no se satisfacen y en la que, en consecuencia, se hacen aún más patentes: ¿cómo vamos a descubrir aquello que nuestra alma necesita de verdad si nunca se ha visto dolorosamente privada de ello? ¿Cómo vamos a descubrir lo que no encaja con nosotros en absoluto si nunca hemos fracasado a la hora de encajar con eso mismo?».

FECHA

Lo que tenías no encajaba. Ve encendiendo tus cócteles molotov. Tienes derecho a lanzarlos.

¿Qué tres condiciones básicas se tienen que dar para que te sientas querida?

¿Cuánta rabia sientes hoy?

33

DÍA

Después de una separación, la persona abandonada se comporta como un animal en plena huida: escanea y analiza constantemente su entorno, porque en todas partes acechan amenazas o se esconden detalles que podría pasar por alto. Revisa desde todas las perspectivas cualquier dato sobre su ex, lo disecciona y lo clasifica, para sacarlo de nuevo poco después y volver a revisarlo, diseccionarlo y clasificarlo. E interpreta todas las acciones y omisiones como mejor le parece en ese momento. A eso se le llama «heurística de la afectividad».

Un término bonito e ingenioso, ¿verdad? Con él, los psicólogos se refieren a aquellos juicios que formulamos basándonos en nuestras emociones. A menudo, nuestras opiniones y decisiones se deben, simple y llanamente, a nuestra inclinación o aversión frente a alguna de las alternativas disponibles. Hablando en plata: si no quieres convencerte de que tu ex ya no desea estar contigo, interpretarás todo lo que él haga o deje de hacer como un indicio de que en algún momento regresará a tus brazos.

Voy a decírtelo de un modo muy claro: él te ha dejado. No va a volver. Da igual cómo reordenes los hechos.

¿Te parece que plantearlo así es un pelín duro?

Lo es, efectivamente. Pero la dureza es la única arma a la que puedes recurrir para evitar perderte en la heurística de la afectividad.

FECHA

Marca las opciones que se apliquen a vuestro caso:

- ◯ Él te ha dejado.
- ◯ Él te ha dejado ya varias veces.
- ◯ Es una persona que suele rectificar sus decisiones.
- ◯ Después de la separación te ha pedido que quedéis para hablar.
- ◯ En estos momentos no quiere hablar contigo.
- ◯ Tiene una nueva relación.
- ◯ Lo han visto por ahí con otras mujeres.
- ◯ Él todavía conserva cosas que te pertenecen.
- ◯ Tú todavía conservas cosas que le pertenecen.
- ◯ Él te da señales de vida periódicamente.
- ◯ Tú le das señales de vida periódicamente.
- ◯ Os enviáis mensajes cuando alguno de vosotros está borracho (o cuando los dos lo estáis).
- ◯ Te gustaría que volviera.
- ◯ No quieres que vuelva.
- ◯ ....

33 DÍAS SUPERADOS: UN RESUMEN DE LO VIVIDO

«[...] el que abandona no siente dolor, el que abandona no necesita hablar [...]. El que abandona ha terminado. Ahí radica el gran dolor. Es la persona abandonada la que siente la necesidad de hablar sin parar en un intento de hacer ver al otro su error, de demostrarle que, si aprehendiera la verdadera naturaleza de las cosas, su elección sería distinta y la amaría a ella. Las palabras no pretenden —como sostiene el que quiere hablar— aclarar las cosas, sino convencer y persuadir.» Este fragmento de *Apropiación indebida*, de Lena Andersson, resume perfectamente el infierno de nuestros pensamientos.

¿Quieres hablar?

¿Todavía te quedan preguntas por hacer?

¿Y qué pasaría si recibieras respuestas que no te gustaran?

Ya han transcurrido, como mínimo, treinta y tres días desde vuestra separación. Probablemente en este tiempo habéis hablado o, al menos, habéis mantenido algún tipo de contacto. ¿Cómo estás desde entonces? ¿De verdad te sientes mejor? ¿O más bien es como si hubieras vuelto a la casilla de salida?

Este proceso de diálogo lo estás llevando a cabo, principalmente, contigo misma. Y, desde luego, semejante monólogo no es agradable. ¿Cuántas veces te has sorprendido mirando obnubilada la pantalla de tu *smartphone* con la esperanza de que se iluminara? ¿Cuántas veces les has dado vueltas en la cabeza a esas frases que deberías haber pronunciado en su momento? Unas frases que probablemente desde entonces has escrito en la ventanita del chat que mantienes con él por WhatsApp... y has borrado de inmediato. Unas frases que de alguna manera retrasan el momento del apocalipsis. Qué bien que sigan en tu cabeza, esperando a que las rescates, ¿eh? Permanecen tan estáticas, duelen tanto... Y son tan crueles... Esas frases no se pronuncian de viva voz, pero trabajan incesantemente en tu mente y en tu corazón. Seguro que en este proceso de recuerdo y análisis de la situación hay algo en ti que se ha movido. Ahora vamos a poner fin a este diálogo, pero no al movimiento que ha generado. A partir de este momento, solo iremos en una dirección: hacia delante.

Es tiempo ya de hacer un resumen de lo vivido.

¿Cómo ha evolucionado tu espionaje cibernético en estos últimos treinta y tres días? Represéntalo en forma de gráfica:

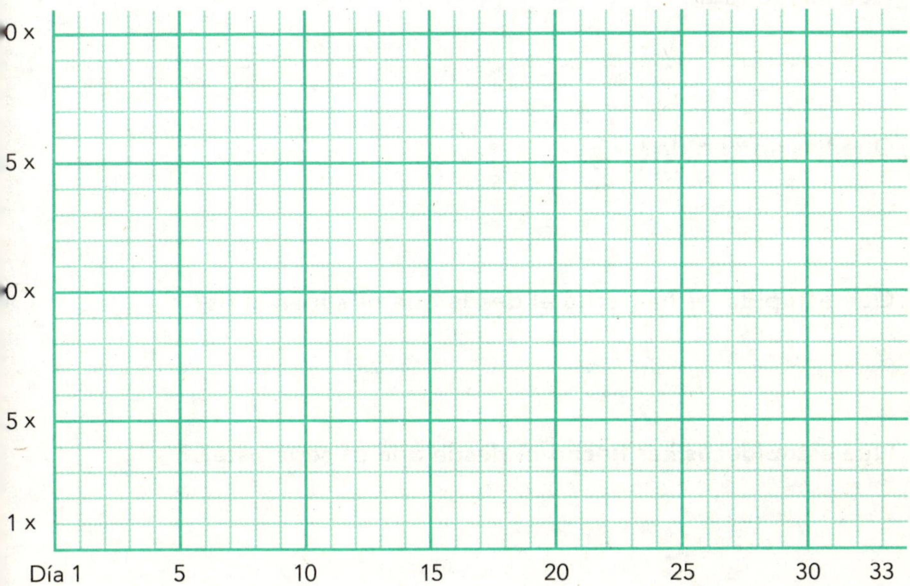

33 DÍAS SUPERADOS: UN RESUMEN DE LO VIVIDO

¿Qué cosas has comprendido?

¿Qué cosas sigues sin comprender?

¿Qué ha ido mejor de lo que esperabas?

¿Qué ha ido fatal?

¿Qué has aprendido?

¿Qué estupideces ha hecho él desde que os separasteis?

¿Qué estupideces has hecho tú desde que os separasteis?

Me gustaría volver a verlo pronto. SÍ NO

Me gustaría decirle algo urgentemente. SÍ NO

Me gustaría volver a acostarme con él. SÍ NO

Me gustaría explicarle algo. SÍ NO

Me gustaría que volviera. SÍ NO

.... SÍ NO

¿De qué te sientes orgullosa?

....

....

....

....

....

COMPENSAR

DÍAS 34–66

34

DÍA

Hay días que, sencillamente, son nefastos. Ya desde el momento en que te levantas por la mañana y te ves obligada a hacer acopio de fuerzas para sostener ese fragilísimo armazón que a su vez te sostiene a ti, sabes que bastará una leve brisa para que tanto este como tú os desmoronéis. Sí, la repetición del verbo te habrá sugerido ya el resultado que cabe esperar de ese intento de «sostener»: tus esfuerzos serán en vano.

Una canción triste que suena en la radio, una taza de café que se derrama, un semáforo que se pone en rojo, un idiota que te provoca en el metro: cualquier cosa hará que te derrumbes. Puedes no hacer caso a esos detalles. Puedes ignorarlos una vez, dos veces, siete veces. Pero llegará un momento en el que, con los ojos llenos de lágrimas, golpees tu cabeza contra la esquina de tu escritorio o la apoyes en la pared de los baños. Pues bien, en lugar de pasarte el día entero conteniendo el llanto para acabar rindiéndote a la octava vez, puedes renunciar a controlarte desde el momento de mierda número uno. De todas formas, tarde o temprano el dolor saldrá a tu encuentro. Y está bien que así sea.

¡Vamos, llora! ¡Llora de una vez!

¡Deja de actuar como si no pasara nada! Sí está pasando algo.

«Llorar le sirve al ser humano para regularse desde el punto de vista psíquico y liberarse de las experiencias negativas —explica el psicólogo Bernd Ahrbeck—. En general, llorar es, ante todo, una expresión de desamparo.» Para los ojos, la única utilidad de este gesto es que les permite mantenerse húmedos, pero podrían obtener el mismo resultado con menos lágrimas. Los humanos somos los únicos seres vivos que lloramos no solo cuando necesitamos humedecer nuestros ojos, sino también cuando sentimos que emocionalmente no podemos más.

A continuación te daré algunas cifras que confirman algo que intuitivamente ya sabíamos: según los cálculos de la Asociación Alemana de Oftalmólogos, las mujeres lloran de media entre 30 y 64 veces al año, mientas que los hombres lo hacen solo entre 6 y 17 veces. Por lo general, los chicos

FECHA

y las chicas lloran por igual en sus trece primeros años de vida. ¿Qué pasa después? Pues esa mierda que se llama «patriarcado». Reprimir sentimientos es una putada que se inventaron generaciones muy anteriores a la nuestra, en un tiempo en el que todavía se creía en las brujas y se arrojaban los excrementos por las ventanas.

¿De verdad queremos seguir siendo así? Me cuesta creerlo.

¿Cuándo ha sido la última vez que has llorado?

___ / ___ / ___

¿Cuántas veces has llorado esta semana?

35

DÍA

Existe una leyenda urbana maravillosa acerca de una mujer engañada y unas semillas de berros que dice así: una mujer descubre que su pareja la está engañando. No viven juntos, pero cada uno de ellos tiene las llaves de la casa del otro. Pues bien, el traidor, después de montar un pollo, marear la perdiz y hacerle mil reproches a ella, decide irse de viaje para aclararse las ideas. La engañada se entera, se acerca directamente a un vivero y después se pasa por la casa de él —recordémoslo: tenía las llaves—. Allí se dedica a regar todas las alfombras, los cojines, las cortinas y los muebles tapizados: el sofá, el sillón... hasta la cama. Después, esparce generosamente sobre las superficies húmedas las semillas de berros que hay en un saco gigantesco que ha traído consigo. Como todo el mundo sabe, esas semillas germinan en apenas unas horas. Al cabo de un par de días, toda la vivienda se ha convertido en una verde pradera. Un verdadero desastre.

La idea parece maravillosa, ¿a que sí?

Solo hay un pequeño inconveniente de nada: a pesar de todo, la mujer seguirá sintiéndose engañada y herida.

La venganza en sí misma no es mala. El psicólogo Mario Gollwitzer lleva ya largo tiempo estudiando este fenómeno, que define del siguiente modo: «La venganza es una mezcla de satisfacción del amor propio y necesidad de justicia». En varios de sus estudios ha subrayado que, en realidad, la venganza puede tener un efecto catártico, aunque poco duradero. Para que alguien que alberga sed de venganza (y hace algo para saciarla) se sienta realmente satisfecho, tiene que producirse una compensación suficiente, lo cual es más bien improbable, porque en la mayoría de los casos nada —ni siquiera devastar una casa sembrando en ella semillas de berros— contrarresta una herida emocional.

Así que, si ya estás barajando diferentes escenarios para tu venganza, no te cortes, sigue con ellos... pero solo en el plano de la fantasía. Renuncia a la idea de jugarle una mala pasada a tu ex en la vida real. Cree en el karma. Me permito recordártelo: el karma es un cabrón que devuelve los golpes sin piedad. Solo es cuestión de tiempo.

FECHA

¿Cuál es tu fantasía de venganza favorita?

¿Alguna vez te has vengado? SÍ NO

¿Tuviste que cometer algún delito para ejecutar esa venganza? SÍ NO

¿El recuerdo de aquella venganza hace que hoy te sigas sintiendo resarcida? SÍ NO

36

DÍA

«No tendrían por qué ser diferentes, pero las noches de los viernes y los sábados son las peores. Son las peores porque la soledad aumenta. Tu única esperanza es pensar que tal vez haya alguien como tú en algún lugar, pero, si así fuera, sabes que nunca conocerás a esa persona, porque ella tampoco sale por ahí.» Es posible que te hayas encontrado ante este dilema. El que lo está viviendo aquí es Vincent, el protagonista de la novela *El artista torturado*, de Joey Goebel. Vincent es un hombre joven y con un talento extraordinario, pero que solo puede crear obras de arte grandiosas cuando se siente muy muy mal. Para asegurarse de mantenerlo en ese estado, su *manager* se encarga de que constantemente le ocurran cosas terribles y desgarradoras. Pero no quiero seguir haciendo *spoiler*. Lo mejor es que leas el libro tú misma.

Es posible que justo ahora te estés preguntando si también en tu caso hay alguien que trabaja sin descanso para que en tu vida todo sea una mierda. Alguien al que incluso estén pagando para que te ponga las cosas especialmente difíciles. Casi seguro que no es así. Aunque ¿quién sabe? Bueno, vale, voy a aparcar ya el cinismo. En lugar de eso, te daré un consejo: sal. Sal a la calle, pasea entre la gente, acércate a una sala de conciertos, vete a un bar. Sobre todo las noches de los viernes y de los sábados. No te quedes perennemente en casa, viendo Netflix y mirando a las musarañas. No es malo que, durante un tiempo, te dediques a esas cosas, pero ten en cuenta que el contacto social activa tu cerebro de una forma diferente. Y sí, ya sé que requiere de un gran esfuerzo por tu parte. Un estudio muy reciente de la Universidad de Misuri ha confirmado que, como ya se sabía, distraerse es una de las tres principales estrategias de compensación posibles contra el mal de amores. Sobre las otras dos hablaremos más adelante.

Tal vez consigas transformar toda la tristeza, la ira y la decepción que sientes ahora mismo en una obra de arte grandiosa. Pero si tienes alguna duda sobre tu talento, toma a Vincent como ejemplo de lo que no se debe hacer y deja ya tu diálogo interno. Da igual que haga mal tiempo, que no tengas nada que ponerte o que no te hayas lavado el pelo. Sal. Aunque sea un ratito. Y si resulta que lo único que haces cuando estés fuera es hablar de él, no hay problema. El cerebro necesita ordenar sus ideas.

FECHA

¿Cuándo fue la última vez que saliste?

____ / ____ / ____

¿Con quién puedes ir sin problemas a un bar y quedarte allí sin decir una palabra o hablando sin parar?

UN LIBRO QUE RECOMIENDO

Hay pocos personajes que nos permitan empatizar tanto con él como Vincent, el protagonista de la novela de Joey Goebel que he citado en la página de la izquierda. La vida se lo pone tan difícil a este chico que, en comparación con su historia, la tuya te parecerá un camino de rosas. En realidad, puedes reírte de lo que le ocurre, aunque muchas veces lo harás con lágrimas en los ojos.

37

DÍA

Nadie tiene tiempo. Al menos, ninguna de las personas con las que te gustaría vivir esta situación. O mejor dicho: con las que te gustaría vegetar. Se suele decir que no es lo mismo estar solo que no poder contar con nadie. La soledad buscada puede ser muy agradable: arrastrarse por la casa en pijama, dejar abierta la puerta del cuarto de baño, pasarse horas repasando todas las temporadas de *The good wife*... O pasear por una nueva ciudad, saborear un helado al sol, ir de compras por el mero gusto de hacerlo. Excelente.

En cambio, la soledad no deseada es, sencillamente, corrosiva. Esa inquieta sensación de no saber a dónde ir. Ese moverse de acá para allá sin que, sin embargo, avancemos ni un ápice. Ancladas en el presente, pero vibrando siempre de forma desacompasada. Un asco. Y también un peligro. Hace poco la psicóloga Julianne Holt-Lunstad presentó un amplio estudio en el que, junto con sus compañeros de la Universidad Brigham Young, en Utah (Estados Unidos), demuestra que la soledad no buscada y el aislamiento social constituyen en la actualidad una de las principales amenazas para la salud de los ciudadanos de los países occidentales, por delante incluso de la obesidad. Solo en Estados Unidos hay más de cuarenta y dos millones de adultos que sufren de soledad crónica. Esos adultos enferman con mayor facilidad y se mueren antes. Pues sí que estamos bien...

El proceso por el que la soledad buscada acaba convirtiéndose en soledad no deseada es lento y silencioso. Anja Rützel ha escrito un interesante (y, sobre todo, divertidísimo) libro al respecto: *Lieber allein als gar keine Freunde* («Mejor solo que sin amigos»). En él distingue entre los «solos por voluntad propia» y los «solos contra su voluntad», y define esta última situación así: «Cuando alguien está solo contra su voluntad, probablemente se deba a que tiene dificultades para conocer a otras personas. Aconsejarle sin más que salga por ahí en busca de gente es tan útil como ver a alguien que se está ahogando y gritarle desde la orilla, apalancados en nuestra tumbona, que lo único que tiene que hacer es nadar».

FECHA

Ayer dábamos por sentado que estás sola por tu propia voluntad. Hoy vamos a dar por sentado que en realidad tu soledad no es buscada.

¿Estás sola porque nadie tiene tiempo para ti? SÍ NO

¿Estás sola porque alguien en concreto no tiene tiempo para ti? SÍ NO

¿Llevas más de dos semanas sola? SÍ NO

¿Has contactado hoy con alguien para quedar? SÍ NO

¿Esa persona ha cancelado la cita? SÍ NO

¿Has sido tú quien al final ha cancelado la cita? SÍ NO

IMPORTANTE

Si tu soledad es intencionada, ya sabes lo que tienes que hacer (consulta el día 36). Si estás sola contra tu voluntad, busca ayuda profesional. Un primer paso en este sentido puede ser llamar a algún psicoterapeuta para hacer con él una sesión de prueba. Es rápido, sencillísimo y nada embarazoso.

38

DÍA

En nuestra vida hay ocasiones en las que no encontramos las palabras adecuadas para describir determinadas vivencias. Probablemente ahora sientas que estás en una de esas ocasiones. A menudo, después de los improperios que se nos escapan en un primer momento, tardamos cierto tiempo en pronunciar la palabra «ruptura». No queremos adelantarnos a los acontecimientos. Quién sabe, quizás esto no sea más que un paréntesis. Una pausa. Un período de reflexión. Si hablásemos ya de ruptura, estaríamos poniendo una etiqueta a algo que —¡por favor!— solo debería llevarla cuando todas las partes implicadas están seguras, seguríííísimas, de lo que quieren hacer. Es decir, seguras de verdad de la buena. Pero claro, ¿acaso en esta vida hay algo seguro, aparte de la muerte? (¡Un hurra por el drama!)

Tal vez aún no hayas llegado al punto de comunicarle a todo el mundo que vuestra relación ha terminado. Pero lo que ya puedes reconocer, aunque solo sea ante ti misma, es tu supuesto fracaso: has intentado mantener vivo y fuerte este vínculo, pero no has conseguido hacerlo. Solo tú sabes por qué. Parece relativamente improbable que toda la responsabilidad de lo ocurrido corresponda en exclusiva a uno de vosotros.

Por otra parte, es un completo error hablar aquí de «culpa». Nadie tiene la culpa. Simplemente, lo vuestro no funcionó. La consecuencia es que al menos uno de los dos ya no quiere pasar más tiempo con el otro. O, al menos, no como las personas que ahora sois. Resulta difícil aceptar algo así. A veces lo asumirás mejor y otras, peor. No te exijas demasiado a ti misma. Y tampoco le pidas nada a tu ex. Lo que él haga es asunto suyo, no tuyo. Aquí solo se trata de ti.

FECHA

¿Qué tipo de comportamiento suyo hacía que te sintieras desbordada?

¿Qué tipo de comportamiento tuyo hacía que él se sintiera desbordado?

¿En qué situaciones podrías haber reaccionado de una manera diferente?

39

DÍA

Constatar, en pleno proceso de separación, que a los demás les va supuestamente de maravilla es como recibir un montón de bofetadas, una tras otra. Bofetadas con la mano bien abierta, además. Cuando nuestra propia relación está hecha añicos y las personas que nos rodean se sienten felices, parece que nos estén restregando su dicha por la cara. Ah, todas esas parejitas que los domingos por la tarde salen a tomarse una taza de chocolate caliente con doble cobertura de nata montada, mientras se miran embelesadas a los ojos... ¿Qué hacer con el odio que sentimos hacia ellas? Y, dicho sea de paso, en estos tiempos ¿quién (salvo los enamorados empalagosos) sale a tomarse una tacita de chocolate los domingos?

Pero dejemos el sarcasmo a un lado. Es comprensible que reacciones preguntándote por qué los demás logran tanto éxito en sus relaciones mientras que a ti te va tan mal. Observas que tienen una brillante carrera profesional, parejas estables, sexo tórrido (¡y espontáneo!), casas preciosas y hasta niños verdaderamente encantadores. ¿Por qué ellos sí y tú no? ¿Qué es lo que has hecho mal? ¿Qué problema hay en ti? ¿Por qué (siempre) te pasa esto? Bueno, de entrada hay que decir que esta es una visión sumamente subjetiva y, sobre todo, muy catastrofista, que surge de manera natural en tus circunstancias. Si de verdad siempre te ocurre lo mismo, es posible que tengas que rastrear el origen de ese problema con la ayuda de un terapeuta. Lo más probable es que la causa esté allí donde menos te lo imaginas. Pero también puede suceder que esto no sea más que una impresión tuya. Lo que sí es seguro e irrefutable es que solo conoces la superficie de la gente. Casi con seguridad detrás de esas felicísimas parejitas, instaladas en sus elegantes casas estilo hípster con objetos decorativos que parecen copiados de una vivienda a otra, hay algo podrido. Nadie puede tenerlo todo. Tú no. Ellos tampoco. Pero si ahora este tipo de parejas te resultan insoportables, evítalas. Una persona con alergia a los frutos secos también haría lo posible por evitar comerse una barrita de cacahuete y chocolate.

En lugar de ver a esos enamorados, queda con tus amigos solteros, con los que podrás despellejar a esas «parejas felices» sin que nadie te acuse de ser una envidiosa.

40

FECHA

¿A qué pareja de tu entorno deberías evitar en estos momentos?

....

....

....

Te dejo por aquí algunas excusas que te servirán para declinar una invitación de esas parejitas sin correr el riesgo de que te hagan preguntas. Son pretextos tan peregrinos que nadie se los creerá.

- ○ Tengo que esperar a que pase por casa el mensajero de DHL.
- ○ Mi madre va a venir a visitarme.
- ○ Tengo un sarpullido y todavía no sé si se trata de una enfermedad contagiosa.
- ○ Se ha roto una tubería y se me ha inundado la casa.
- ○ Se me ha olvidado cerrar bien la puerta del congelador.
- ○ Justo hoy se pasan por aquí los carpinteros a repararme los arañazos de la tarima flotante. No, no pueden venir otro día.
- ○ Tengo la regla (¡horror y pavor!).
- ○ Parece que el *sushi* que me he tomado no estaba nada fresco.

Evidentemente, sería mejor si pudieras decir sencillamente: «Mirad, en estos momentos no me apetece lo más mínimo ser testigo de vuestra felicidad». Pero no siempre es posible hacerlo. Tampoco es plan de ir arrasando todo a nuestro paso.

40

DÍA

Mindfulness: he aquí el término de moda en nuestros días. Hay otro fenómeno, muy vinculado a él, del que hoy es prácticamente imposible escapar: el de las aplicaciones que permiten ejercitar la capacidad de concentración. Entre ellas destacan las que proponen realizar meditaciones sobre la marcha. En el primer semestre de 2019, Calm y Headspace, los actuales líderes de este mercado, registraron en Google Play casi siete millones de descargas solo en Alemania. Cada año las ventas mundiales de estos productos crecen hasta prácticamente elevarse al cuadrado. El interés por el tema es enorme. Con sus meditaciones de diez minutos, estas empresas marcan la conciencia de todo un sector de la población. Mientras tanto, en todo el planeta los científicos están investigando los efectos de esta práctica tan exitosa. Pues bien, esto es lo que han descubierto hasta ahora: la meditación no es perjudicial. Es más, incluso tiene efectos positivos cuantificables (aunque sean mínimos) en el bienestar de quienes la llevan a cabo.

Evidentemente, la meditación es, por sí misma, un ejercicio excepcional. Pero no es casualidad que los maestros de este arte aseguren que hay que recorrer un largo camino hasta alcanzar un estado plenamente zen, así que parece un pelín demasiado optimista pensar que es posible conseguir lo mismo que ellos tan solo escuchando una aplicación mientras hacemos nuestro trayecto diario en metro o esperamos en la cola del súper. Lo que sí puede hacer esa aplicación es ayudarnos a iniciar el camino. Ahora bien, ir proclamando por ahí que la meditación puede ser un remedio eficaz contra el desamor es una completa estupidez. Por supuesto, ya hay algunos listillos del marketing que se han sacado de la manga las «meditaciones contra el mal de amores». Si no estás habituada a practicar la meditación, estos ejercicios no te servirán prácticamente de nada. Es más, la frustración que sentirás por no poder salir de tu estado de locura a través de la meditación (con o sin *app*) será enorme. Además, una buena meditación conduce a una mayor conciencia, lo que te llevará a percibir con más nitidez las cosas, o sea, tus sentimientos. Si estás preparada para hacerlo, ¡adelante! Pero si no lo estás, tal vez sea mejor que dejes esa práctica (y tu *smartphone*) a un lado. En lugar de indagar sin cesar en tu interior, puede ser más inteligente dejar salir tu rabia.

FECHA

Como mucho, puedes utilizar estas aplicaciones como ayuda para relajarte antes de ir a dormir. Aunque para eso también están los audiolibros. Lo ideal sería alguno que no diga ni una palabra sobre el amor. Ni sobre las personas. Ni sobre los sentimientos. ¿Qué tal uno sobre alienígenas? ¿O sobre las mejores recetas de la cocina de nuestras abuelas?

EL BINGO DE LAS MEMECES

Marca aquellas frases típicas de las aplicaciones de meditación que, aunque suenen muy bien, en estos momentos seguro que no te sirven de ayuda (por no decir que te resultan absolutamente imposibles de llevar a la práctica):

«Sé tú misma.»	«Abre la puerta a tus sentimientos.»	«En el fondo, todas las personas son buenas.»
«El camino es el destino.»	«Pon tu atención en tus buenos sentimientos.»	«Aparta tus pensamientos negativos.»
«Deja pasar tus pensamientos como si se tratara de nubes que recorren el cielo.»	«Calma tu mente.»	«Céntrate en el ahora.»

41

DÍA

Al igual que hicieron muchos otros artistas alemanes antes de la segunda guerra mundial y también durante ella, el dramaturgo y poeta Bertolt Brecht partió al exilio en 1933, tras el ascenso de los nacionalsocialistas al poder. Primero se dirigió a Finlandia y después siguió los pasos de su amigo Lion Feuchtwanger, que se encontraba en California. Sus textos de aquella época giran fundamentalmente en torno al aislamiento, el anhelo de volver a su patria y la sensación de ser extranjero. Ninguno de aquellos intelectuales sabía si alguna vez podrían regresar a su antiguo hogar y, de ser así, cuándo lo harían. El futuro era incierto y angustioso; el pasado, indignante y perturbador. Brecht se refirió a esta etapa de su vida como el «tiempo del entretanto».

Probablemente no hay mejor modo de referirse a ese estado en el que tú te encuentras ahora mismo. El tiempo del entretanto. Ese en el que ya no estás en pareja, pero tampoco sin ella. Ese en el que ya no perteneces a ningún sitio, a pesar de que pertenecer a algún lugar es un deseo ancestral del ser humano. Sin duda, una sensación que puede llegar a desesperarnos. Y cualquiera que se quede impasible ante tamaña desesperación es un imbécil sin empatía. Punto pelota. Naturalmente, resulta aterrador no saber cuánto tiempo permaneceremos en ese estado, pero una cosa es segura: no será para siempre. En cualquier caso, dado que tienes poco margen para influir en su duración o para preverla, por el momento bastará con que tomes conciencia de que te encuentras en ese «tiempo del entretanto», sencillamente. Todo esto pasará. La guerra que estás librando en tu cabeza acabará. Ahora es el momento de preparar un par de cosas para que, más adelante, puedas hacer el trabajo de desescombro.

FECHA

¿Cuál de los siguientes proyectos te gustaría acometer tan pronto como haya pasado la tormenta?

- ○ Buscar una nueva casa.
- ○ Hacer un viaje a un lugar muy especial (¿a cuál, concretamente? ....).
- ○ Ir a la peluquería (sí, es un topicazo, ¿y qué?).
- ○ Aprender un nuevo idioma.
- ○ Ir a un taller para aprender alguna nueva habilidad (qué sé yo, modelar desnuda un jarrón de arcilla, disecar insectos...).
- ○ Ir a un concierto.
- ○ Leer más.
- ○ Practicar deporte.
- ○ Hacerte un tatuaje.
- ○ ....

42

DÍA

Desde hace unos años, el portal estadounidense de citas eharmony realiza en su país de origen una encuesta periódica, cuyos resultados publica con el título —sumamente moderno y publicitario— de *Happiness Index* («El índice de la felicidad»). Lo más interesante de este sondeo es que no se trata de un estudio heteronormativo, sino que también incluye a la comunidad LGBTQ, y ofrece información dividida por grupos de edad, entre ellos los *millennials* y la generación Z.

En 2019 fueron más de dos mil participantes, todos ellos con pareja estable. El objetivo de los autores de aquella encuesta era averiguar qué elementos son determinantes para el éxito de una relación. De acuerdo con los resultados, un factor importante es que ambos miembros de la pareja tengan intereses similares, es decir, que compartan su manera de ver el mundo y tengan un proyecto de vida parecido. Cuidado con no confundir esto con cultivar las mismas aficiones. Hay que dejarlo muy claro: practicar *hobbies* juntos no es la clave de la felicidad en el amor. Es mucho más importante tener algo que nos entusiasme y que podamos contarle con pasión a nuestra pareja. Cuando la vida cae en la rutina, muchos olvidan que existen cosas que les encanta hacer. Por eso hay quien abandona sus aficiones (jugar al Counter-Strike, coleccionar jarrones con motivos de conejitos, recorrer en bicicleta todos los puentes que cruzan el río Rin...) para pasar más tiempo con la pareja.

¡Error! ¡Craso error!

¡Anda, no me digas que tú también lo has cometido!

Sí, este es otro fenómeno muy habitual. La próxima vez, ponte un pósit en el espejo, un recordatorio en el móvil o lo que haga falta para no olvidarlo nunca jamás: ¡por favor, no dejes de coleccionar zapatos únicos de época por culpa de Tomás! No solo te estarías jodiendo a ti, sino que también estarías jodiendo vuestra relación.

FECHA

¿Qué afición dejaste de practicar en tu última relación?

¿A tu ex aquella afición le parecía una estupidez?

¿Tenía él intereses que a ti te aburrían?

En tal caso, ¿cuáles eran?

¿Probasteis alguna vez a practicar juntos el *hobby* del otro?

¿Fue evidente desde un principio que él o tú no teníais ni el más remoto interés por seguir practicándolo?

¿Te gustaría retomar tu antigua afición (o seguir practicándola)?

¿Hay algún motivo de peso por el que no debas continuar cultivando esa pasión?

43

DÍA

En una relación vamos acumulando multitud de objetos que tomamos prestados al otro, que le confiamos, que le regalamos o que recibimos como regalo. Esa pulsera que te trajo de un viaje. Ese gel de ducha que todavía conservas en el cuarto de baño y que él compró porque no le gustaba ir al trabajo por las mañanas oliendo a tu jabón de flor de melocotón (por cierto, una de sus compañeras le dijo que era un perfume muy agradable, lo cual él interpretó en un sentido que manifiestamente no reforzaba su hombría). Esa sudadera gris que aún anda por tu armario y que te dejó hace una eternidad, un día en que te cayó encima un chaparrón cuando ibas en bicicleta y te quedaste calada hasta los huesos (y después hicisteis el amor, cómo no).

Ya lo ves: en tu cabeza, los objetos están ordenados por recuerdos.

Y como en este momento los recuerdos aún duelen demasiado, tenemos que sacarlos drásticamente de nuestro campo de visión y, con ello, de nuestra mente. Prepara dos cajas: una, para las cosas que te recuerdan a él pero te gustaría conservar; otra, para todos los trastos que quieres devolverle. Y, por favor, no te tortures imaginando qué pasaría si, en un gesto teatral, le entregases tú misma esa caja (en un día gélido, bajo un cielo atravesado por rayos y truenos). ¿Qué pasaría si os vieseis? *Spoiler*: se te removerían muchas cosas, se te despertarían infinidad de sentimientos, sería agotador.

Es muy probable que aún no estés preparada para ese esfuerzo. Existe un mito moderno y bienintencionado que asegura que es más cortés terminar una relación en persona, devolver los objetos en persona y encargarse en persona de las últimas formalidades. En realidad, esta es una forma absolutamente perversa de voyerismo envuelto en un corsé de pseudomoralidad. Queremos vernos a nosotros mismos comportándonos como adultos, porque «es lo que corresponde hacer», pero a veces lo mejor para todos los interesados es ponerse de acuerdo por correo electrónico o SMS sobre las cuestiones organizativas.

FECHA

Y para los objetos que el ex se ha dejado atrás existe el servicio postal. Siempre tenemos por ahí algo de calderilla que podemos emplear en estas cosas. (En el caso de las parejas que conviven o han convivido hay que pasar, naturalmente, por una etapa intermedia. Aquí estoy exponiendo el proceso de aquellas personas que ya viven separadas.) Y si él es tan tacaño que no quiere mandarte tus cosas por mensajería, proponle pagarle el envío a través de PayPal. Eso sí, aconséjale lo siguiente: «¡Vete a la mierda!».

Cosas que te gustaría devolverle	**Cosas que te gustaría conservar**
....	....
....	....
....	....
....	....
....	....
....	....
....	....
....	....
....	....

44

DÍA

La ciudad es un campo minado. En cada esquina te asaltan los recuerdos de los buenos y los malos momentos de vuestra relación. La panadería en la que solíais comprar cruasanes calentitos. La estación de servicio en la que, lata de cerveza en mano, te habló y te habló en aquella cálida noche de verano. La sala a la que ibais a escuchar vuestra música favorita y en cuyos baños él vomitó en cierta ocasión hasta la primera papilla. El banco del parque en el que os besasteis por primera vez. El supermercado en el que discutisteis porque uno de los dos se había olvidado de comprar la leche y vuestro enfrentamiento fue tan intenso que una madre se apresuró a sacar de allí a sus pequeños, desconcertados. El aparcamiento en el que cerraste con tanta rabia la puerta del coche que enseguida pensaste: «¡Joder, me he cargado la luna!». La cafetería en la que te confesó que ya no te quería.

¿Adónde irás si los recuerdos te persiguen constantemente o, mejor dicho, te saltan una y otra vez a la cara con toda su maldad? Pues muy fácil: a cualquier otro sitio. Planéalo ahora, ya sea a lo grande o de forma modesta. Lo importante, en cualquier caso, es mantener una distancia entre estas cosas y tú. Puedes empezar por cambiar de ruta para ir al trabajo, pedir tus cruasanes en otro barrio y comprar la cerveza religiosamente en el supermercado que está tres calles más allá. Aprovecha y llévate también una botella de vodka del bueno.

Evidentemente, también está la opción de irte de viaje, pero lo más probable es que solo puedas ausentarte unos días o unas semanas. Salvo que justo ayer te tocase la lotería, claro. Todo es posible, no debemos descartar ninguna posibilidad. Lo único importante es que no te expongas de forma proactiva (y masoquista) a esos recuerdos ligados a determinadas imágenes.

FECHA

No es tan fácil, pero se puede conseguir. Porque, gracias al comentario de nuestro amigo Guy Winch en el día 2, ya sabes lo que hacen esos recuerdos contigo (te refresco la memoria: síndrome de abstinencia, metadona, situación insana). Inténtalo aplicando la solución modesta: evitar determinados lugares.

¿Qué cinco lugares son para ti una garantía de que vas a sufrir un *shock* emocional debido a los recuerdos?

....

....

....

....

....

Si es posible, no pases por ellos. Al menos durante un mes.

45

DÍA

A menudo, en una relación hay algo que nos pone de los nervios. Alguna situación en la que el otro mete la pata de forma sistemática, sin que se dé cuenta de lo mucho que nos molesta. Un ejemplo universal: la puntualidad. (Evidentemente, puedes pensar en cualquier otro tema que en tu caso provoque efectos similares.) Tenéis una cita, tú ya estás en el sitio acordado y de repente él te manda un mensaje: «Llego con quince minutos de retraso». Y entonces piensas que, al menos, siempre te avisa. Pero en la práctica su conducta te toca muchísimo las narices. Primero, porque la mayoría de las veces esos quince minutos se convierten, por lo menos, en treinta. Y segundo, porque para ti que alguien llegue demasiado tarde, se olvide de una cita o la cancele poco antes de la hora prevista significa, básicamente, que no siente el más mínimo respeto por tu tiempo. Es algo que se puede tolerar alguna que otra vez, pero si se repite con frecuencia, empieza a mermar tu sensación de control. «¿Por qué se lo permito?», te preguntas. Tu tiempo también es valioso y merece la pena. ¿Por qué a él todo esto le da igual?

Bueno, tú no podrás cambiarle. Tampoco te corresponde a ti hacerlo. Tiene más sentido preguntarte qué consecuencias ha tenido ese comportamiento en ti una vez terminada vuestra relación. ¿Eres mucho más susceptible cuando tus amigos o tu familia te dejan plantada o te hacen esperar? Es muy posible. ¿Y reaccionas tal vez con una ira desproporcionada? No me sorprende.

Si alguien se expone una y otra vez a un mismo problema, es inevitable que algo en él se vaya cociendo lenta pero incesantemente. Y la rabia que quizás dejas salir cuando estás con otras personas se remonta en buena medida a tu ex. Si tienes esto claro, ya has dado un paso importante. Lo bueno de los amigos y la familia es que con ellos podemos explotar sin riesgo de que se ofendan y salgan corriendo de inmediato. Y que, en un momento de calma, podemos explicarles: «Lo siento, creo que estoy demasiado sensible últimamente. Por favor, tenlo en cuenta».

Al principio tendremos que hacer un esfuerzo, pero acabaremos acostumbrándonos a verbalizar nuestros deseos. Porque cuanto más lo digamos,

FECHA

más fácil nos resultará hacerlo. Además, la rabia irá disminuyendo en paralelo. Aunque, eso sí, nunca desaparecerá del todo. Tampoco debería hacerlo. Porque no está bien ignorar el tiempo y la planificación de los demás. Ni está bien hoy ni estará bien dentro de tres años.

¿Qué tema recurrente te ponía especialmente nerviosa?

¿Te saca de quicio también hoy cuando estás con tus amigos y tu familia?

¿Cuándo fue la última vez que estallaste por ese tema y con quién lo hiciste?

¿Cuál es tu nivel de enfado cuando de repente ese tema aparece en otro contexto?

46

DÍA

Una sensación que nadie espera experimentar en pleno duelo por una ruptura es el aburrimiento. Resulta que alrededor toda tu vida está saltando por los aires, un vendaval se está llevando por siempre jamás tus planes, deseos y objetivos, se oyen estruendos por todas partes, caen rayos y truenos... y vas tú y te aburres.

¿Cómo demonios es posible que esto ocurra?

En varias de sus investigaciones, los psicólogos Erin Westgate y Timothy Wilson, de la Universidad de Virginia, han analizado desde diferentes perspectivas este fenómeno y tienen pruebas irrefutables de que no solo nos aburrimos cuando recibimos pocos estímulos, sino también cuando nos sentimos sobrepasados. Y no hay duda de que, en medio de un intenso terremoto de sentimientos, estamos sobrepasados. Si a eso le añadimos las lagunas que ha dejado el ex en nuestra vida cotidiana, obtendremos una pérfida mezcla.

A esta misma hora, hace un par de semanas, aún estabas sentada con él en el sofá, hablando de los fallos de guion de *Juego de tronos*. Ahora, en cambio, estás ahí, sola, mirando el techo y preguntándote cómo habrá aparecido ese agujero que ves junto a la lámpara. O estabas a punto de irte con él a tomar una cerveza en vuestro bar favorito. En lugar de eso, estás sola en una parada esperando a que pase el autobús que te lleve de vuelta a casa. Por una parte, tu corazón hecho añicos se remueve dentro de ti y no te deja pensar en nada más. Por otra parte, se levanta una peligrosa ola de embotamiento y vacío.

Westgate y Wilson explican por qué esta combinación resulta tan destructiva: el aburrimiento es como el dolor físico; se trata de una señal de que algo no va del todo bien. Estos psicólogos nos recomiendan que, si nos encontramos en una situación de este tipo, cambiemos nuestra forma de ver las cosas. Podemos, por ejemplo, alegrarnos de disponer ahora de más tiempo para nosotras mismas. De poder ver en la tele lo que queramos (sin necesidad de discutirlo previamente). De irnos a la cama temprano y levantarnos al día siguiente sin resaca.

FECHA

El único problema es que algunos días conseguiremos hacerlo, pero otros no. Lo importante, en realidad, es que no te sorprendas cuando te sientas aburrida. No es más que un típico efecto secundario.

¿Cuándo te invade el aburrimiento?

- ○ En las reuniones de la oficina.
- ○ En los trayectos en transporte público.
- ○ En las veladas con grandes grupos de personas.
- ○ Los domingos.
- ○ Durante las comidas.
- ○ En los trayectos en coche.
- ○ ....
- ○ ....
- ○ ....

47

DÍA

La investigación en torno al TDAH (trastorno por déficit de atención e hiperactividad) ha permitido acuñar un interesante término sobre el que los científicos aún mantienen abierto un debate, dado que resulta muy difícil recopilar datos fiables al respecto: la hiperconcentración. Con esta palabra se alude a la acción de centrarse plenamente en una sola cosa y entrar así en un estado tal de atención (conocido como *flow*) que lleva a olvidar todo lo demás. A las personas con TDAH les suele costar concentrarse en una tarea. Se dispersan, empiezan mil actividades y terminan pocas de ellas. Por eso les resulta difícil gestionar su vida y su día a día. Sin embargo, aunque el cabo de su concentración suele volar suelto al ritmo que le imponga el viento, lo cierto es que, en la mayoría de los casos, el principio de la soga está firmemente anclado en una ocupación exclusiva y especial. Así pues, no debe sorprendernos que muchos artistas, creadores y personas de altas capacidades presenten este trastorno. Con frecuencia, su entorno los juzga de un modo tan despreciativo como erróneo: «Si él/ella no lo hace, no es porque no pueda, sino porque no quiere».

¡Ay, ojalá fuera tan sencillo! Pero no lo es.

¿Y qué tiene que ver todo esto con el duelo que se vive tras una ruptura? En la fase aguda de su crisis, las personas a las que les han roto el corazón suelen actuar como los pacientes con TDAH, así que, para acallar ese intenso ruido blanco que se ha generado a su alrededor, puede ser útil practicar la hiperconcentración, es decir, hacer algo que exija toda nuestra atención. El bricolaje funciona bastante bien: montar una estantería, pintar las paredes, bordar mensajes de odio en fundas de cojines, modelar enanitos encorvados para el jardín, lijar y barnizar todas las puertas de la alacena, construir una torre Eiffel con cerillas... La lista de posibilidades es prácticamente interminable. Y, por muy estúpido que te pueda parecer esto, te animo a probar. Total, ¿qué tienes que perder?

FECHA

¿Qué actividad podría cautivarte de verdad?

¿Cuándo podrías tomarte algo de tiempo para practicarla?

48

DÍA

La culpa. Un elemento crucial en cualquier separación. ¿Cuánta culpa tuvo cada uno de que la relación fracasara? Probablemente la respuesta vaya variando según cómo se presente el día. A veces estará clarísimo que la culpa fue de él, porque hizo esto o no hizo aquello... Otras veces pensarás que la culpa fue tuya, por los mismos motivos o por otros o por ninguno en concreto. La culpa en una separación es un eje tan importante que en Alemania, hasta bien entrada la década de los setenta, incluso quedó reflejada en la terminología utilizada en la legislación: se hablaba entonces del «principio de la culpabilidad», dando a entender que un matrimonio solo podía disolverse cuando alguno de los cónyuges hubiese cometido una falta (el adulterio u otras). No bastaba con un sencillo —aunque absolutamente estremecedor— «ya no te quiero».

Estas expectativas con respecto al matrimonio consolidaron la exigencia fundamental de que (por motivos exclusivamente económicos y religiosos) una relación tenía que durar para siempre. Sin embargo, en 1977 se reformó la legislación alemana y se empezó a hablar ya del «principio del fracaso matrimonial». A partir de entonces fue posible divorciarse alegando diferencias irreconciliables entre los cónyuges.

Todavía tuvieron que pasar muchos años para que las mujeres conquistasen una independencia económica suficiente como para poder permitirse una separación. Es cierto que para muchas de ellas el divorcio sigue siendo inalcanzable, porque sin un segundo sueldo les resulta imposible pagar el alquiler de la casa o sacar adelante a sus hijos. Pero si alguien quiere saber por qué los índices de divorcio continúan subiendo y subiendo sin parar, deberá tener en cuenta, entre otros factores, la creciente independencia económica de las mujeres. En teoría, gracias a la igualdad de género, ya no están obligadas a aguantar todo tipo de mierdas hasta el final de sus vidas. Ni siquiera un matrimonio que no funciona. Siempre y cuando dispongan de suficiente dinero propio, por supuesto.

¿Y qué tiene que ver todo esto con tu situación actual? Pues resulta que, aunque no estés casada, aún existe una creencia recurrente en nuestra sociedad —y sobre la que, por tanto, esta nos alecciona— según la cual si

FECHA

una relación fracasa es por culpa de alguien. Ya descubriste, como muy tarde el día 38, que esto es una chorrada. Lo vuestro no funcionó y punto. Y los dos estáis heridos; probablemente cada uno de un modo distinto, pero heridos, al fin y al cabo. Aun cuando hubiese algún desencadenante concreto, como una infidelidad, eso no significa que la culpa recaiga sobre la persona que ha sido infiel (y mucho menos sobre la persona engañada, ¡por Dios!). Está claro que al menos uno de los dos no se sentía lo bastante feliz como para cuidar esa relación.

Es una putada. Sin duda. Pero hablar de culpa no servirá de nada.

UN LIBRO QUE RECOMIENDO

Si estás interesada en conocer más acerca de los aspectos legales de una separación, ya sea porque estés casada, porque compartas con tu ex alguna propiedad (por ejemplo, una vivienda) o porque haya menores a los que vuestra ruptura afecte, te recomiendo que leas el libro *Glücklich getrennt* («Felizmente separados», aún sin traducción en castellano), de la abogada y terapeuta de pareja Nadja von Saldern. El título puede parecer algo eufemístico, pero en esta obra la autora analiza de forma sumamente pormenorizada y comprensible todo lo que hay que tener en cuenta, tanto desde el punto de vista jurídico como desde el emocional, para limitar en la medida de lo posible los daños colaterales.

49

DÍA

Una vez que ya se ha contado, se convierte oficialmente en realidad. Me imagino que esa es la idea que te ronda la cabeza cuando te planteas explicarles a los demás que habéis roto. Mientras te mantengas en una rígida política de información que solo permita actualizar detalles (o no hacerlo en absoluto) a las personas de tu círculo más cercano, todas las posibilidades continuarán abiertas. Total, tampoco quieres preocupar a nadie sin necesidad. Qué embarazoso sería proclamar a los cuatro vientos que vuelves a estar soltera y de repente, ¡zas!, reconciliarte. Si ocurriera algo así, la próxima vez nadie te tomaría en serio. Sería como esa fábula del joven pastor Pedro que, para hacerse el interesante, se pasaba la vida dando la voz de alarma porque un supuesto lobo venía a por sus ovejas: el día que el lobo apareció de verdad, nadie prestó atención a sus gritos. Tú no quieres ser así. Así que mejor seguir con discreción, evitando confesiones.

Estos y otros derroteros del pensamiento no sirven más que para que continuemos negando el hecho de que ya ha terminado un capítulo de nuestra vida. Y a veces nos resulta más sencillo soltarle la noticia a un total desconocido o a un compañero de trabajo que contársela a nuestros propios padres, por ejemplo. Al fin y al cabo, también nos sentimos responsables de su bienestar emocional. Y hay que tener en cuenta que ellos pueden pensar que han fracasado porque su hija supuestamente ha fracasado y... y...

Cuanto más tardes en explicar vuestra ruptura, más difícil te será hacerlo. Porque llegarás a un punto en el que un carrusel de ideas dé paso a otro. Y las voces de tu cabeza murmurarán, en un tono conspirativo: «Ahora ya no puedes decir nada. ¿Cómo se explicarán los demás que les hayas ocultado esto durante tanto tiempo?».

De una mierda a otra.

No necesitas convocar una rueda de prensa multitudinaria, pero sí deberías preguntarte cómo te sentirías si tus amigos o tus familiares más cercanos se hubiesen callado una información como esta durante mucho tiem-

FECHA

po. En caso de duda, piensa que lo único que querrán hacer es ofrecerte ayuda. Y que aquí nadie ha fracasado: ni tú ni ellos.

¿A qué personas de tu círculo de amigos y familiares más cercano aún no les has dicho nada?

....

....

....

....

....

¿Por qué?

....

Si mañana solo pudieses contárselo a una sola persona, ¿a quién elegirías?

....

50

DÍA

¿Cómo podemos hacer realmente felices a nuestros jefes? Pues yendo al trabajo cabreadísimas. Y justo en estos momentos no debería de resultarte demasiado difícil lograrlo.

¿Desconcertada?

Bueno, aquí viene la explicación: hace unos años, el psicólogo especializado en organizaciones Dirk Lindebaum investigó la relación que existe entre la ira y la productividad en el trabajo. Sorprendentemente, descubrió que, a menudo, los empleados malhumorados son, a corto plazo, más productivos que los felices. «La envidia, la vergüenza, el sentimiento de culpabilidad: todas estas emociones negativas pueden tener consecuencias muy positivas para la sociedad.»

Así pues, tu mal de amores contribuye un poco a la economía de tu país. ¡Enhorabuena! La verdad es que, en vista de tu estado actual, una afirmación como esta suena bastante cínica. De hecho, lo es. Y no, la idea no es facilitar que nos rompan el corazón para darle un empujón nuestra carrera. Solo te explico la conclusión de este estudio para que cambies tu manera de ver la situación en la que te encuentras.

Estoy segura de que hay días en los que tu trabajo te resultará tan insufrible como acudir a una oficina de la Administración para resolver un trámite burocrático: mucho esperar, mucho mirar a las musarañas, mucho desear estar en otro sitio y, en el cien por cien de los casos, alguien que se sienta junto a ti y ve vídeos de bandas de k-pop en YouTube a todo volumen o se pasa horas cotorreando por el móvil. Pero podrías canalizar tu ira, tu rabia y este fulminante sentimiento de decepción en un proyecto que pueda ser importante en esta etapa de tu vida. Como una especie de acto de hiperconcentración, según vimos ya el día 47. Eso sí: que sea un proyecto que a largo plazo pueda abrirte algunas puertas laborales o, lisa y llanamente, engrosar tu cuenta bancaria. Y sí, la economía del país también te lo agradecerá.

FECHA

¿A qué proyecto podrías dedicarle muchísima energía?

¿Qué tendrías que hacer para darle forma?

- ○ Acostarte más tarde para trabajar.
- ○ Levantarte más temprano para trabajar.
- ○ Tomar la palabra más a menudo.
- ○ Decirle claramente a tu jefe que quieres implicarte en mayor medida.
- ○ Dejar de participar en otros proyectos aburridos que te quitan tiempo.
- ○ Ponerte de acuerdo con compañeros de trabajo que no te caen especialmente bien.
- ○ Organizar un cronograma personal para prepararte mejor.
- ○ Explicarles a tus compañeros de trabajo que quieres asumir más responsabilidades.

Por qué las mujeres y los hombres siguen patrones de consumo diferentes después de una ruptura amorosa

Hay algo que en la actualidad une a infinidad de oficinas sin alma, provistas de mesas de reuniones tristemente neutras y sillones giratorios horribles pero carísimos: la presencia de expertos en marketing que coinciden en proclamar que «las mujeres son la nueva China». De ellas todavía se puede sacar algo. Sobre todo porque son las mujeres las que compran el ochenta por ciento de todos los bienes de consumo rápido. Pero ¿cómo conseguir que una técnica publicitaria llegue del mejor modo posible a ellas? Está claro: aludiendo a su aspecto físico. No en vano, en este ámbito a las mujeres se les siguen exigiendo cosas muy diferentes que a los hombres.

Las mujeres atormentadas por una ruptura sentimental constituyen un público diana sumamente lucrativo, al que se ataca con el siguiente lema: si por dentro te sientes fea, intenta al menos ser bonita por fuera. El prototipo de «mujer bonita» es, naturalmente, el de todas esas Hadid y Bündchen del mundo de las modelos, sin una sola arruga y siempre sonriéndole a la vida. Su promesa: tú puedes ser como nosotras. Para ello, solo necesitas los trapitos adecuados, el corte de pelo adecuado y los complementos adecuados. La fórmula mágica que en el último siglo se han inventado a tal efecto las revistas femeninas es el «cambio de *look*». ¿No suena fascinante?

Tenemos tan interiorizado este tópico deseo que, entretanto, incluso se ha colado en las encuestas: por ejemplo, el portal de citas ElitePartner publica cada año datos sobre el comportamiento que adoptan los alemanes en todos los ámbitos de su vida en pareja. Pues bien, el veinte por ciento de las mujeres consultadas en 2019 aseguraron que, cuando estaban intentando superar una ruptura amorosa, solían recurrir a un cambio de *look* (es decir, de ropa, de corte de pelo, etc.). Estamos hablando de una de cada cinco mujeres. Eso es mucho. Resulta lógico preguntarse si esta actitud es propia de la naturaleza femenina o si se trata de un comportamiento aprendido, porque solo el cinco por ciento de los hombres encuestados aseguraron que les servía de algo cambiar su aspecto cuando alguien les había machacado el corazón.

Lo adelanto ya: según la psicóloga Polly Young-Eisendrath, el hecho de que las mujeres muestren interés por comprarse ropa y otros «cachivaches» está ligado a la emancipación. Mucho antes de que las estadounidenses pudieran votar, los grandes almacenes como Macy's les permitían tomar al menos alguna decisión, en concreto sobre qué bienes de consumo comprar (sobre todo si se trataba de moda). No, no es una broma. La ciencia confirma que si a las mujeres les gusta más que a los hombres salir de compras es precisamente porque en su momento no se les permitió influir en la política. Un estudio reciente de Greenpeace demuestra que aún hoy ellas gastan más dinero que ellos en los comercios. Además, ellas también sienten más remordimientos tras haber comprado. Una amplia investigación canadiense prueba que las mujeres tienden más a lanzarse a las tiendas del centro de la ciudad (o a llenar con alegría sus cestas en los comercios electrónicos) cuando se encuentran bajo el influjo del estrés o del miedo: comprar las aparta de sus cavilaciones, ya que las obliga a ocuparse fundamentalmente de su aspecto exterior y no de lo que pasa en su interior, donde, a fin de cuentas, durante el duelo por una ruptura todo es mustio, vacío y horrible y da la impresión de estar condenado a permanecer siempre desierto.

Así pues, el consumo permite experimentar un subidón después de todos los bajones. Por desgracia, ese subidón es mucho más corto de lo que cabe esperar. No dura ni veinticuatro horas, como han probado los investigadores de Greenpeace. La situación empieza a ser crítica en cuanto se intenta repetir una y otra vez ese subidón y se desarrolla una verdadera adicción a las compras. Los científicos creen, de hecho, que esta dependencia es más frecuente en las mujeres que en los hombres. En Alemania, en torno al cinco por ciento de la población padece este problema. Y la tendencia va en aumento. Las compras compulsivas son una de las denominadas «adicciones comportamentales» o «adicciones sin sustancia», términos que no deben hacernos pensar que son menos peligrosas que otras adicciones.

Está muy bien que cambies de corte de pelo, te compres un vestido nuevo, o pruebes un cosmético absurdamente caro... siempre y cuando sepas que eso es solo un parche. Con él, tu herida tardará el mismo tiempo en curarse que sin él, aunque quizá, al final, la cicatriz quede más bonita.

51

DÍA

Qué bonito sería tener una baraja de cartas con las que pudiéramos expresar nuestras necesidades y que, cuando alguien nos preguntase qué nos hace falta en un momento dado, pudiéramos limitarnos a sacar la tarjeta que correspondiese: pizza, copa, abrazo, asesoramiento para la declaración de la renta. Eso les facilitaría a nuestros amigos y a nuestros familiares la tarea de ayudarnos.

Problema número 1: todavía nadie ha inventado una baraja de ese tipo.
Problema número 2: la mayoría de las veces ni siquiera sabemos qué necesitamos.

Por una cosa o por otra, cuando tenemos el corazón roto suele resultarnos difícil formular qué podría hacer que nos sintamos mejor. De hecho, el solo hecho de formular algo se nos antoja una tarea difícil. Y algunos días hasta pronunciar nuestro propio nombre se convierte en todo un reto. A muchas nos ayuda saber, sencillamente, que habrá alguien con nosotros cuando lo necesitemos. Por eso alivia sobremanera, tanto a nosotros mismos como a quienes se preocupan por nuestros problemas, que les digamos: «Mira, ahora mismo estoy regular. Si no doy señales de vida, no es por ti. Pero me alegro de que sigas ahí y de que no te canses de buscarme. Por favor, no dejes de hacerlo». Evidentemente, esta formulación es demasiado extensa y cortés. Seguro que a los amigos más cercanos les bastará con un «lo siento, estoy un poco imbécil últimamente, pero no tiene nada que ver contigo».

FECHA

¿Qué necesitas en estos momentos?

¿Qué no necesitas bajo ningún concepto?

52

DÍA

Existe una maravillosa montaña rusa de pensamientos con muchos *loopings* extra: la que se desencadena justo cuando empezamos a imaginarnos que todo lo que está haciendo nuestro ex en este preciso momento es extraordinariamente divertido. A partir de un par de datos que descubrimos a través de las redes sociales o de conocidos comunes, nos construimos un tren de preciosos vagones, muy coloridos y con un cartel luminoso y chillón por encima, y, a continuación, lo hacemos girar vertiginosamente en nuestra cabeza hasta que estamos a punto de vomitar: seguro que ahora mismo está en un bar, riéndose a carcajadas con sus amigotes; y que, por supuesto, a su alrededor hay decenas y decenas de mujeres muy astutas y fascinantes; y que, además, está planeando ya un viaje sensacional a algún país exótico; y que cada noche, después de una agotadora pero apasionante jornada de trabajo, se acuesta, con una sonrisa en los labios, entre suaves sábanas. Muy bien. ¿Te queda algo de dinero para dar otra vueltecita más en esta atracción?

Es posible que la realidad sea muy distinta. En concreto, que él también tenga días de mierda. Por ti, por su trabajo, por el resto de su vida, por el mundo... Sin embargo, aunque todas las personas que acaban de separarse son conscientes de ello desde el punto de vista racional, siguen empeñándose tozudamente en creer lo contrario. A esto la ciencia lo denomina la *belief perseverance*, que, traducido de forma libre, significaría «resistencia a los hechos». Quien esté interesado en observar este fenómeno con mayor detenimiento puede dedicarse a estudiar durante un tiempo a los antivacunas, a esos individuos que van por ahí con sombreros de aluminio sobre su cabeza o a Donald Trump.

En tu caso, lo que esto quiere decir es, sencillamente, que no debes creerte todo lo que te imaginas.

FECHA

EL BINGO DE LAS MEMECES

Marca con una cruz todo aquello con lo que ya hayas fantaseado:

Se está acostando con otra.	Nada de lo que ha ocurrido le importa.	Hace ya tiempo que tiene nuevos planes.
No piensa nunca en mí.	Está enamorado de otra.	A él la separación no le está resultando nada difícil.
En el fondo, quiere volver conmigo.	Se está pensando cuál es el mejor modo de retomar el contacto conmigo.	Todo esto no es más que un malentendido.

Estás especulando con cosas que en realidad no sabes o sobre las que no estás cien por cien segura. En cualquier caso, da igual. Antes de ponerte a conjeturar, a rumiar hasta caer en la locura o, en el peor de los casos, a espiarle, mejor haz algo por ti misma. Algo que sea útil. Utiliza tu extraordinario cerebro para lograr la paz en el mundo, para detener el cambio climático o, simplemente, para conseguir que tu vida sea más bonita.

53

DÍA

No hay prácticamente nadie que haya investigado y evaluado tanto y con tanta profundidad el modo en que amamos en nuestra época como Eva Illouz. Esta socióloga ha analizado la actitud que mantenemos en la actualidad ante las relaciones y la ha comparado con la de siglos anteriores. Algunas de sus conclusiones no son demasiado reconfortantes: es evidente que hoy resulta más difícil que nunca mantener relaciones felices, pese a que jamás antes habíamos disfrutado de tanta libertad. Lo que, en cambio, sí tenemos en común todas las personas que hemos amado en los últimos siglos es el hecho de que el amor alimenta nuestra autoestima. Y también la de nuestra pareja. Illouz lo demuestra con datos históricos y explica que, precisamente en tiempos de Instagram, igualdad de género y acceso a una educación gratuita en los países occidentales, este reconocimiento ha cobrado una gran importancia. Por decirlo sin rodeos: hoy en día el reconocimiento es la moneda más cotizada en términos de relaciones sentimentales.

Y resulta que ese reconocimiento se nos ha ido.

En nuestro actual estilo de vida, la altura desde la que caemos tras una ruptura amorosa es tan enorme que el impacto contra el suelo recuerda a una escena de *American Psycho*. Para quien no haya visto la película: esto quiere decir que el resultado es sangriento. Muy sangriento. Y es evidente que duele. También es evidente que es necesario un tiempo para recuperarse. Y es igualmente evidente que nadie puede proporcionar esta sensación de reconocimiento como lo hace un ex. Pero eso no significa que tengas que renunciar por completo a ella. Se trata más bien de una cuestión de grados: si no tienes a tu disposición ningún proveedor de reconocimiento cinco estrellas, uno de cuatro estrellas también puede conseguir que tu día sea más llevadero. Si tu restaurante asiático favorito ha cerrado, tampoco tienes por qué quedarte en casa pasando hambre: puedes ir a otro restaurante.

Por supuesto, no te estoy diciendo que te pongas a ligar con otros tíos para que te digan lo guapa, lo lista y lo estupenda que eres. En este momento no lograrían convencerte. Pero estoy segura de que hay otras per-

FECHA

sonas que pueden mostrarte un reconocimiento que te resulte creíble y aceptable.

¿Dónde podrías conseguir una dosis de reconocimiento?

- ○ En tu familia.
- ○ En tus amigos.
- ○ En tus compañeros de profesión.
- ○ En otros miembros de algún equipo del que formes parte.
- ○ ....

¿A quiénes puedes pedirles abiertamente ese reconocimiento?

....

....

....

Por cierto, no hay nada de malo en admitir en voz alta que quieres reconocimiento. Basta con que hagas una pregunta muy sencilla: «En tu opinión, ¿en qué soy especialmente buena?». Vamos, pruébalo.

54

DÍA

«Sí, claro que estoy bien.» Una respuesta estándar a una pregunta estándar. Y, sin duda, una mentira monumental. Después de una separación, el equilibrio hormonal se rompe por completo. Lo que más perdemos es oxitocina, una hormona que aparece en escena en las situaciones de cercanía física, fundamentalmente. Por eso también se la conoce, de un modo muy idílico, como la «hormona del amor». Se trata de un neuropéptido del grupo de las hormonas peptídicas que se segrega, por ejemplo, durante el parto, y facilita la creación del vínculo entre la madre y el bebé. Pero también se ha encontrado entre los amantes, y se ha observado su relación directa con la aparición de las sensaciones de calma y confianza.

Así pues, no sirve de nada que nos mintamos a nosotros mismos ni proclamemos valientemente delante de los demás que estamos bien. En este terreno no podemos engañar a nuestro equilibrio hormonal. Ahora bien, ¿cómo producir oxitocina si no tenemos a nadie a nuestro lado? Es verdad que es posible comprar oxitocina artificial, pero varios estudios han demostrado que su administración puede tener efectos secundarios muy negativos. Además, si se toma de forma prolongada se acaba provocando una insensibilización, porque el organismo se habitúa a esta sustancia. Así pues, ¡aparta tus manos de ella!

Los expertos aconsejan generarla de forma natural a través del contacto físico: con abrazos de amigos y, muy probablemente, también con masajes. Bueno, la verdad es que no está del todo demostrado que esto último pueda contribuir a la secreción de oxitocina, pero oye, un masaje tampoco es una mala idea cuando se trata de cuidarse.

¿Por qué no pruebas?

55

FECHA

¿Cuándo ha sido la última vez que alguien te ha abrazado?

___ / ___ / ___

¿Quién ha sido?

....

¿Te suele gustar el contacto físico? SÍ NO

¿Saludas con frecuencia dando un abrazo? SÍ NO

¿Necesitas bastante tiempo para sentirte cómoda cuando una nueva pareja te acaricia? SÍ NO

¿Te tensa el contacto físico? SÍ NO

¿Te sientes cómoda si alguien te abraza mientras duermes? SÍ NO

¿Echas de menos la cercanía física? SÍ NO

55

DÍA

En su libro *Bitch doctrine*, la feminista Laurie Penny pregunta de una forma muy directa: «¿En qué momento el mensaje "las mujeres pueden hacerlo todo" se convirtió en el mandato "las mujeres deben hacerlo todo"?». En ese mismo libro, la autora dedica un capítulo a analizar pormenorizadamente todo lo que se espera hoy en día de nosotras, y se plantea incluso si a las mujeres jóvenes no les iría mejor sin los hombres. Resignada, constata lo siguiente: «Las veis por todas partes: chicas agotadas que, reuniendo toda la energía que les queda, les organizan a los chicos la vida, los alientan y los cuidan, lo cual a ellos les desagrada, aunque lo cierto es que les desagradaría aún más que ellas no actuasen así. Las veis arrastrándose por conseguir cualquier migaja de afecto, hasta que alguien se viene abajo y todo se desmorona, y luego este círculo vicioso vuelve a empezar».

Después de una separación, hay un montón de cosas que organizar, especialmente si se ha convivido o aún se convive con la pareja, y es posible que la situación sea incluso peor si también se tienen hijos en común. Repartirlo todo consume tiempo y nervios. Tras una catástrofe sentimental, queda muy poco o nada que compartir. Y en esas circunstancias las mujeres suelen asumir —como llevan haciéndolo diligentemente desde su infancia— la mayor parte de la tarea de los cuidados: coordinan las mudanzas, compran las cajas de cartón necesarias, buscan a un nuevo proveedor de internet o declinan las invitaciones comunes a fiestas que se van a celebrar en el futuro.

Es cierto que en ocasiones todo va más rápido si te encargas tú misma de asumir esas tareas. Si ese es tu caso, hazlo. La salud mental está por encima de la fidelidad férrea a los principios. Pero intenta separar al menos su mierda de la tuya. Y, por favor, ocúpate solo de tu mierda.

Nadie te va a colgar una medalla ni te va a hacer entrega de un ramo de flores si te encargas de organizar también sus bártulos. Todo lo que no te incumba directamente tiene que quedarse así: sin que te incumba y sin que te afecte. Sus bártulos son problema de él.

FECHA

¿Qué te queda aún por organizar para que vuestro proceso de separación avance?

56

DÍA

Los sentimientos no son hechos. Los sentimientos no son hechos. Los sentimientos no son hechos... Cuando la sopa de la angustia empiece a bullir de forma peligrosa en tu interior, recuérdate a ti misma esta frase, porque contiene, lisa y llanamente, una cruda verdad: todo lo que se te está pasando por la cabeza en este preciso instante no es más que una parte de la historia, pero no la historia completa, así no te permite extraer conclusiones sobre la realidad.

Lo que ocurre con la verdad es que cada cual tiene la suya, porque cada cual ve el mundo a su manera, en función de la suma de sus vivencias personales y, naturalmente, de los sentimientos ligados a tales vivencias. Immanuel Kant se ocupó en detalle de este fenómeno en su *Crítica de la razón pura*, sobre todo en la parte en la que aborda la cuestión de la «estética trascendental». Así que es probable que las cosas no sean tal y como las estás viendo ahora (o sea, negras y totalmente negativas), sino que son tus sentimientos los que canalizan la perspectiva en esa dirección.

Aunque la verdad es que pedirte que pienses en Kant justo ahora que el sufrimiento te está abrasando las sinapsis quizás sea un poquito demasiado. Pero puedes quedarte con la siguiente conclusión: las cosas no serán siempre como son ahora.

Para cambiar la perspectiva desde la que contemplamos la vida resulta útil acumular nuevas impresiones. Y esas impresiones pueden aparecer en cualquier lugar: en un paseo por el parque (como aseguran los maestros del mindfulness) o en una escapada a otra ciudad (como sostienen las agencias de viajes), aunque a menudo surgen sin más durante una conversación con una persona amable (como dicen todos aquellos a los que les ha pasado un tanque por encima del corazón).

FECHA

¿Cómo te sientes hoy?

- ○ Amargada.
- ○ Sin rumbo.
- ○ Irritada.
- ○ Confusa.
- ○ Herida.
- ○ Furiosa.
- ○ Agitada.
- ○ Cansada.
- ○ Esperanzada.
- ○ Serena.
- ○ Optimista.
- ○ Motivada.

57

DÍA

Probablemente ya te estabas preguntado cuánto iba a tardar en sacar el tema del deporte, momento en el que no tendrías más remedio que poner los ojos en blanco. Machacarse el cuerpo es uno de los diez consejos estrella que suelen darse para compensar un dolor por una ruptura. Ahora bien, que oigamos en todas partes que esa es una buena estrategia para combatir el mal de amores no significa, ni mucho menos, que de repente tengamos que ponernos a entrenar para la maratón de Nueva York.

Es bastante más sincero reconocer que, cuando el universo entero está conspirando contra nosotras, lo cierto es que no nos sentimos en condiciones de dedicar energía a este tipo de actividades. No obstante, desde un punto de vista puramente científico hay que decir que esta estrategia de compensación parece ser acertada.

Henning Budde, experto en ciencias del deporte y metodología de la investigación, analizó, junto con su equipo de la Escuela Médica de Hamburgo, varios estudios sobre el deporte y sus efectos en nuestra salud mental. Concretamente, se basó en 39 metaanálisis, que a su vez reunían casi 1.600 investigaciones de los últimos veintitrés años, en las que habían participado un total de 142.000 personas. Su conclusión: el deporte ayuda en caso de depresión y ansiedad. De hecho, el movimiento corporal incrementa el nivel de serotonina y, además, mejora la transmisión noradrenérgica en el cerebro.

Como es obvio, estos investigadores no proporcionan instrucciones concretas sobre cómo acabar con la falta de voluntad y levantarse del sofá o de la cama. Así pues, se nos plantea un dilema: sabemos que sería positivo correr estoicamente cinco kilómetros por el parque, a pesar de la llovizna y de las putadas que vivimos en el día a día. Pero claro, afuera todo está húmedo, nos quedaremos sin aliento enseguida y a nuestra viejísima zapatilla de deporte del pie derecho le ha salido, después de tantos años, una fisura en la cara inferior izquierda del talón.

Sin embargo, hay algo sobre lo que podemos tener total seguridad, en vista de los acontecimientos pasados y presentes: más jodida de lo que estás

FECHA

ahora ya no vas a estar. Cualquier propuesta que contribuya a mejorar tu estado de ánimo merece, al menos, que la valores. Al fin y al cabo, tal vez no sea tan malo contratacar con un dolor en los pulmones: de hecho, podría hacerte olvidar ese enfermizo dolor que sientes ahora en el corazón.

¿Qué deportes podrías probar?

- ○ *Running*.
- ○ Natación.
- ○ *Bodybuilding*.
- ○ Yoga.
- ○ *Hockey*.
- ○ Fútbol.
- ○ Danza.
- ○ Voleibol.
- ○ Balonmano.
- ○ Escalada.
- ○ ....
- ○ ....
- ○ ....

¿Cómo de grande es tu falta de voluntad?

58

DÍA

Lo más probable es que en las últimas semanas te hayas preguntado infinidad de veces al despertarte si de verdad es necesario que vayas al trabajo. Si no sería mucho mejor quedarte acostada y pasarte el día entero viendo series y durmiendo juiciosamente.

Aunque, claro, eso de dormir no es más que es una mentira que te cuentas a ti misma. Que tengas tiempo no significa que vayas a emplearlo en dormir y que después vayas a estar más descansada. Más bien te dedicarás a dormitar mirando el techo. Pero bueno, siempre puedes intentarlo.

El 16 % de los alemanes que participaron en la encuesta de ElitePartner de 2019, a la que ya me he referido en páginas anteriores, reconocieron que alguna vez habían faltado al trabajo por un mal de amores. Eso supone un coste de 1.400 millones de euros al año para las empresas y genera 6,6 millones de días de baja. Así pues, no estás sola en esto. Por eso es una memez asegurar que un duelo tras una ruptura sentimental es una minucia. La psicóloga Lisa Fischbach lo deja bien claro: «El término "mal de amores" le resta importancia a un estado en el que se pueden sufrir efectos psíquicos y físicos de gran alcance. [...] No es infrecuente que los acontecimientos dramáticos desencadenen síntomas psicosomáticos, como pronunciadas fluctuaciones emocionales entre la profunda tristeza y una irritabilidad más intensa, así como trastornos del sueño y la concentración, falta de apetito y pérdida de peso. Muchas personas se sienten incapaces de trabajar (y, de hecho, lo son) debido a estas alteraciones».

Así pues, la ciencia nos da la razón: cuando nos han roto el corazón y sentimos que somos incapaces de trabajar, deberíamos quedarnos en casa, igual que hace quien arrastra consigo un buen resfriado. Las enfermedades han de curarse, y lo mismo ocurre con el mal de amores.

Esto no significa que tengas que pasarte semanas enteras metida en la cama, pero tampoco debes tener mala conciencia si algunos días, simplemente, no te ves con energía suficiente como para ir a la oficina. Es normal.

FECHA

¿Cuántos días a la semana te preguntas al levantarte si de verdad tienes que ir a trabajar?

¿Alguna vez has faltado al trabajo por un mal de amores? SÍ NO

¿Aquello tuvo consecuencias? SÍ NO

¿Te sientes mal por haber faltado ese día al trabajo? SÍ NO

¿Tienes la sensación de que no rindes adecuadamente? SÍ NO

¿Tienes la sensación de que estás dejando en la estacada a tus compañeros de trabajo? SÍ NO

¿Has incumplido alguna tarea debido a tu estado de ánimo actual? SÍ NO

¿Están tus compañeros al tanto de lo que te pasa? SÍ NO

59

DÍA

Ya no llegará a tu vida nadie más. Es bastante probable que esta sea tu última relación. Seguro que los hombres que hay por ahí no tienen nada que permita ni de lejos mantener con ellos una relación razonable. Esto ha sido todo.

Más o menos ese es el discurso que te repites cuando te va invadiendo ese pánico tan particular, pero también tan impreciso, de no volver a encontrar a nadie que te quiera o a quien tú puedas querer tanto como en la relación que acaba de romperse. A menudo, las palabras que eliges para dar forma a tu pensamiento son muy crueles. Jamás le hablarías así a otra persona.

Pero tranquila: las cifras sobre la media de relaciones que mantienen los alemanes (sí, la ciencia formula este fenómeno de un modo así de frío) anuncian que, evidentemente, las cosas no serán como piensas. Según las encuestas, en este país los hombres y las mujeres tienen un promedio de 3,4 relaciones serias a lo largo de sus vidas. El modelo sentimental predominante en Alemania es la monogamia en serie. Eso del «contigo, pan y cebolla para siempre» es una particularidad de la generación de quienes hoy tienen más de sesenta años. Y poco a poco estamos comprendiendo que ese modelo no siempre funciona. Cuanto más jóvenes son los encuestados, más relaciones han mantenido. Eso sí, es poco frecuente que se pasen la vida saltando de flor en flor: de hecho, solo el 1,2 por ciento de las mujeres afirma haber estado con quince o más compañeros estables a lo largo de sus vidas. Todas estas cifras indican básicamente una cosa: él no fue tu primer hombre, y lo más probable es que tampoco sea el último.

Solo tú puedes determinar cómo de seria ha sido esta última relación. En cualquier caso, que no tuvieseis planes de boda o que uno de los dos estuviese mucho más implicado que el otro no significa que la ruptura no sea dolorosa, lógicamente.

Para que el intenso dolor que sientes ahora esté justificado no es necesario que hubieses elegido ya la decoración del salón de bodas: una relación

FECHA

de apenas unas semanas también puede dejarnos heridas profundas durante mucho tiempo. A los traumas les da exactamente igual cuánto haya durado nuestro romance.

¿Cuántas relaciones serias has mantenido a lo largo de tu vida?

Aparte de esos compañeros estables, ¿cuántos ex más tienes?

¿Alguna vez has empezado una nueva relación justo en un momento en el que (ya) no contabas con volver a enamorarte?

SÍ NO

60

DÍA

Un compañero ha dejado por enésima vez su taza en el fregadero de la cocina de vuestra oficina, en lugar de meterla en el lavavajillas. Pero ¿de verdad es tan difícil hacer las cosas bien? ¿Acaso él es incapaz de abrir la puerta del lavavajillas, extraer la bandeja y poner en ella la taza? Míralo: encima está ahí, charlando alegremente con otro compañero. ¿Cómo se puede aguantar esto? Antes de que el colega en cuestión pueda darse cuenta de lo que se le viene encima, se convierte en víctima de un ataque de rabia aderezado con impertinentes acusaciones y con un cuestionamiento general de su inteligencia. ¡Cataplum!

¿Te suena esta historia?

Es normal que nos saque de quicio que alguien adopte abiertamente una actitud tan perezosa o irrespetuosa como la de no recoger su vajilla usada. Pero atacarlo de esa manera también resulta desproporcionado. ¿De dónde te viene esta rabia?

La antropóloga Helen Fisher lleva años y años investigando a fondo la química del amor. En su opinión, que una persona despechada descargue su rabia contra alguien ajeno a su relación constituye una eficaz estrategia de compensación ideada por la evolución. En realidad, los principales circuitos neuronales del amor y del odio están indisociablemente unidos. De hecho, desde el punto de vista neuronal, lo contrario del amor no es la indiferencia, sino el odio. ¿Y eso qué sentido tiene? Después de someter a diferentes pruebas y estudios de imagen por resonancia magnética a una serie de personas que estaban sufriendo por una ruptura sentimental, Fisher está convencida de que esta rabia se ha desarrollado «para motivar a los amantes decepcionados a liberarse de una relación sin salida, a lamerse las heridas y a salir en busca de un nuevo amor y de mejores oportunidades».

Resulta evidente que tenemos que sacar toda esta rabia. De lo contrario, acabaríamos reventando y, sencillamente, no podríamos continuar con nuestra vida. Sin embargo, como en la mayoría de los casos el causante de esa ira ya no está aquí, acabamos descargándola contra otras personas, como bien sabes desde el día 27.

FECHA

Esto no debe entenderse como un alegato a favor de ir por ahí ladrándole todo el santo día a los demás y lanzando improperios de forma indiscriminada. No estoy dando carta blanca para adoptar semejante actitud. Pero es sano dejar salir la rabia. Los buenos amigos y la familia lo entenderán. El compañero incapaz de poner un lavavajillas, probablemente no. Así que, si es posible, dirige tu enfado contra aquellas personas que puedan soportarlo. Es difícil, desde luego. Pero funciona.

¿Quién ha sido la última persona que se ha convertido en blanco de tu ira por error?

¿A quién te gustaría pedirle disculpas por tu ira?

¿De qué modo podrías pedirle perdón?

¿Quién se habría merecido convertirse en blanco de tu ira, pese a que no tenga nada que ver con tu verdadero problema?

61

DÍA

Ya vimos en las páginas 22 y 23 que los hombres y las mujeres gestionan de manera diferente el dolor tras una ruptura. Por recordarlo rápidamente: los hombres se reprimen y las mujeres analizan. La sexóloga Elaine Hatfield y el experto en historia de la psicología Richard L. Rapson llevan mucho tiempo estudiando estos distintos patrones de conducta y han confirmado que existe un comportamiento clásico: las mujeres mantienen larguísimas conversaciones acerca de su ex con gente muy cercana. Lo hacen en persona, por teléfono y, cada vez más, a través de WhatsApp y otros servicios de mensajería instantánea. El problema es que cuando las mujeres hablan sin cesar de su separación, dejan que el fantasma de su relación siga presente y reviven una y otra vez su trauma.

También aquí la antropóloga Helen Fisher ve un origen bioquímico: en las fases de la resignación, la dopamina, ese neurotransmisor que también se conoce como «la hormona de la felicidad», se hunde. Sin embargo, el estrés puntual pone en marcha la producción de esta hormona. ¿Y qué es la disección verbal permanente de las propias miserias sino un estrés puntual? Esta activación constante rompe todo nuestro equilibrio hormonal y, al final, nos deja embotadas y derrumbadas. No en vano, Fisher asegura que el cerebro es «el frágil lugar donde habita el amor».

Lo que todo esto significa en tu caso es que el afán de hablar constantemente de lo ocurrido no tiene su origen en un fetichismo masoquista, sino en una martirizante acción conjunta de diferentes procesos bioquímicos. Poner freno a este afán ahora te es casi imposible. Se requiere una fuerza de voluntad enorme para evitar este tipo de conversaciones. Y seguirá habiendo días en que no lo consigas. Pero también habrá otros en los que logres vencer a tu cerebro.

FECHA

¿Con quién prefieres hablar de tu ex?

¿De verdad te sienta bien hacerlo?

SÍ NO

Con esa persona, ¿hablas también de otros temas que tengáis en común?

SÍ NO

Por qué la mayoría de los comedores compulsivos son mujeres

En *El diario de Bridget Jones* hay una famosa escena en la que Renée Zellweger aparece envuelta en un edredón, con una tarrina de helado en la mano, mientras espera, destrozada, a que un hombre le dé señales de vida. Esta película, que se estrenó en 2001, describe el desamor en todas sus facetas más tópicas. En algunos de sus detalles nos veremos fielmente reflejadas. Sin embargo, otros pueden llevarnos hoy, veinte años después del estreno, a que nos preguntemos: «Pero ¿cómo aguantas eso? ¿Cómo dejas que un hombre te humille de esa manera?». Eso sí, el atracón por ansiedad no es un cliché, sino un hecho: hay estudios que apuntan a que un tercio de los alemanes suelen caer en el *emotional eating*, es decir, en el hábito de comer en exceso ante situaciones de estrés para sentirse mejor. La mayoría de ellos son mujeres.

Una vez más, este fenómeno hunde sus raíces en nuestra infancia y en la diferente educación que reciben los niños y las niñas. Mientras que desde muy pronto a ellas se las consuela con comida, a ellos se les da un pequeño puñetazo de ánimo acompañado de las palabras «¡venga ya, tampoco es para tanto!». Un ejemplo: si una niña se hace una herida en la rodilla, se la anima con un trozo de chocolate, mientras que en esa misma situación a un niño se le considera un salvaje que no conoce el dolor. Consecuencia: las niñas se convierten en mujeres que se consuelan comiendo y los niños se transforman en hombres que esconden sus sentimientos y piensan que la necesidad de aliento es un signo de debilidad. Pues mira qué bien.

La psicóloga Katja Kröller tiene una tesis titulada *Mütterliche Steuerung in der Essenssituation* («El control materno en el contexto de las comidas»). Ya en el título queda patente a quién se considera en nuestra sociedad el principal responsable de la educación de los niños, aunque después, en el texto, esta cuestión es marginal, en realidad. Las conclusiones de este trabajo son muy interesantes: imponer normas demasiado estrictas a la hora de comer (por ejemplo, terminarse todo lo que hay en el plato, etc.) es tan dañino para los niños como sustituir el cariño por la comida. Esto no significa que no debamos regalarle un helado a un pequeño, sino más bien que hay que evitar que la comida se convierta en una recompensa o en un elemento que les permite regular sus emociones. Pero ¿por qué los seres humanos tenemos tanta predisposición a establecer esa relación con los alimentos?

La neuroendocrinóloga Mary Dallmann ha dedicado toda su carrera a este tema y, a través de diversas pruebas, ha demostrado que la comida provoca una reducción del cortisol, una de las hormonas del estrés, lo que en algún momento nos lleva a equiparar saciedad y estabilidad. Pues bien, esa estabilidad es justo lo que perdemos por completo cuando estamos en pleno duelo por una ruptura, así que cualquier medio que haga que el suelo bajo nuestros pies deje de tambalearse y vuelva a ser firme nos parecerá adecuado. Aunque solo sea por un par de horas. Por cierto, lo que más sacia son las grasas y los hidratos de carbono. Qué sorpresa, ¿verdad?

El problema es que acabemos comiendo demasiado: por una parte, este comportamiento resulta nocivo para la salud; por otra, solo permite tapar durante un tiempo el agujero que se ha abierto en nuestro corazón. Lo sabemos de sobra, pero, aun así, seguimos comiendo. La psicóloga Simone Munsch confirma que quienes comen compulsivamente por estrés son muy conscientes de lo que están haciendo. Entonces ¿cómo se sale de ahí? Los expertos explican que el primer paso es identificar aquellas situaciones en las que se desencadena el comportamiento en cuestión y, a continuación, tomar bolígrafo y papel y poner el problema por escrito. A quien no le guste escribir puede dar una vuelta alrededor de la manzana mientras reflexiona sobre lo que le ocurre. En ambos casos, el objetivo es mantener una distancia temporal o espacial entre la persona en cuestión y el frigorífico.

Este es un magnífico ejemplo de que en la teoría todo parece bonito y fácil, pero en la práctica aplicar los consejos es, probablemente, bastante difícil. Si un helado de Ben & Jerry's te llama con todas sus fuerzas, la autodisciplina se te desmoronará enseguida. Sin embargo, ser consciente del mecanismo que opera en tu interior es un primer e importante paso. Tal vez al principio no obtengas resultados, pero con el tiempo lo harás mejor. En este terreno, el cerebro es como un músculo que hay que entrenar. Él es el principal responsable de nuestra resaca sentimental, así que tenemos motivos para exigirle un poco de esfuerzo y así tomarnos la revancha.

62

DÍA

En esta época en la que aplicamos el coaching a todas las situaciones de nuestra vida, nos topamos una y otra vez con el concepto de la autoestima. Aparentemente, se trata de la clave para llevar una vida más feliz, del remedio mágico contra cualquier putada que nos pase a nivel emocional. De acuerdo, pero ¿qué significa en realidad «autoestima»? ¿Y dónde puede comprarse?

Theresa Lachner, escritora feminista, también se plantea estas preguntas, y llega a la conclusión de que, en nuestra época, la autoestima es «ese puñado de hierbas provenzales liofilizadas que encontramos en medio de nuestros estados emocionales y que, a pesar de que en realidad no vayan bien con nada, esparcimos por encima de cualquier comida para darle un pelín más de contexto y sabor». Más adelante, constata que lo que hay detrás de este concepto no es más que un pensamiento consumista: «Solo cuando se predica que las personas tienen una carencia es posible venderles cosas nuevas, y el concepto "autoestima" es lo suficientemente vaporoso como para que funcione de maravilla».

En tu caso, «carencia» significa: sin pareja, soltera, abandonada, sin tu otra mitad. ¿Y tu lugar en la sociedad? ¡Uy, uy, uyyyyy, vas a perderlo de un momento a otro! Pero con la autoestima suficiente podrás compensar todo esto, así que hola, bienvenida de nuevo, vuelves a ser un miembro de pleno derecho.

Vaya-idiotez-más-gorda.

Esperar que alguien contrarreste una serie de procesos bioquímicos con un poco de autoestima y mindfulness es una osadía, sin más. Por supuesto que es importante que mantengamos una buena relación con nosotros mismos, con nuestro cuerpo y con nuestras reacciones, y que nos tomemos periódicamente un tiempo para reflexionar acerca de nuestra propia vida. Pero ¿cómo vamos a hacerlo si nuestra cabeza y nuestro espíritu se encuentran en medio de un proceso traumático? En esta situación, es mejor que nos centremos en el orgullo personal. No tenemos por qué tolerarlo todo. Y, para evitar tolerar cualquier cosa, ni siquiera tenemos por qué gustarnos especialmente: a pesar de ello, somos seres capaces de establecer límites.

FECHA

¿Cuál ha sido el consejo más inútil que has recibido acerca de cómo lidiar con el mal de amores?

¿Quién te lo ha dado?

¿Cuál ha sido el consejo más útil?

¿Quién te lo ha dado?

63

DÍA

En el día de hoy ¿has comido demasiado? ¿No has practicado ninguna actividad física? ¿Has estado cotilleando en las redes sociales? ¿No has reunido la energía suficiente como para ir a trabajar? ¿Te has pasado las horas sentada, incapaz de moverte? ¿Has llamado a tu mejor amiga y le has puesto la cabeza como un bombo contándole por enésima vez todos y cada uno de los detalles de tu separación? ¿Estás cansada, simplemente cansada? Entonces, vete a la cama. Quien se siente cansado tiene que dormir. O, al menos, tumbarse.

Hay días en los que, da igual lo que hagas, nada funciona: no tenemos voluntad para hacer nada, no hay estrategia de compensación que nos sirva, nos falta disciplina. Y no pasa nada. También eso está bien.

Mañana será otro día.

FECHA

¿Qué has conseguido hacer hoy?

- ○ Nada.
- ○ Nada.
- ○ Nada.
- ○ Nada.
- ○ Nada.
- ○ Nada.
- ○ Nada.
- ○ Nada.
- ○ Nada.
- ○ Nada.
- ○ Nada.
- ○ Nada.
- ○ Nada.
- ○ Nada.
- ○ Nada.
- ○ Nada.
- ○ Nada.
- ○ Nada.
- ○ Nada.
- ○ ....

64

DÍA

«Ah, pero si a él tampoco le va tan bien, ¿no lo sabías?». A ver, ¿cuántas veces has oído ya esta frase, con más o menos matices según el nivel de empatía de tu interlocutor? ¿Y qué significa ese «pero si»? ¿En qué está pensando, si se puede saber, la gente que le transmite a una mujer ese tipo de información sobre su ex? ¿Cómo se supone que debe reaccionar ella? ¿Qué tiene que ver en este caso su sufrimiento con el de él? Pues nada de nada. Pero lo interesante aquí es que a las mujeres se les sigue sugiriendo que (hasta cuando las han abandonado) deben mostrar compasión. Laurie Penny sostiene que «a nosotras, sencillamente, no se nos permite ignorar los sentimientos de ellos ni plantearnos por un segundo que un hombre nos pueda interesar única y exclusivamente como compañero sexual. En nuestra cultura las mujeres no deben mirar así a los hombres. Los hombres son siempre personas de pleno derecho. En cambio, las mujeres son objetos, símbolos o seres extraños y fascinantes a los que hay que arrancarles una respuesta para conseguir lo que se desea». ¿Estas palabras te parecen demasiado duras? Lo son. Y seguro que en tu burbuja la mayoría del tiempo las cosas no han sido así. Sin embargo, por desgracia, en general no estamos tan lejos de esa situación como nos gustaría. Pero bueno, volvamos ahora a tu mal de amores.

Pregúntatelo de un modo muy claro: ¿qué más te da a ti lo que esté pensando tu ex y cómo le vaya? Nadie espera de él que muestre compasión por ti y por tus circunstancias. No interpretes esto como un llamamiento para adoptar una actitud de indiferencia hacia las demás personas: de eso ya tenemos bastante en nuestro planeta, a decir verdad. Pero deberíamos cuestionar abiertamente esta preocupación sistemática por los hombres y sus sentimientos. Por supuesto, podrías reflexionar acerca de la vida afectiva de él, pero ¿adónde te llevaría eso? No puedes mirar en su interior, así que lo máximo a lo que cabría aspirar es a hacer es un laboriosísimo ejercicio de clarividencia.

En estos momentos, es más importante tu propia vida afectiva. Así que no bloquees tus sinapsis, tan quemadas ya, con reflexiones acerca de su sufrimiento. Que se las apañe él con lo suyo, que bastante tienes tú con lo tuyo.

FECHA

EL BINGO DE LAS MEMECES

Marca aquellas frases que ya te ha tocado escuchar y que te han provocado sentimientos de culpabilidad y otras tonterías por el estilo:

«Pero él también está sufriendo.»	«A él le cuesta más mostrar sus sentimientos.»	«Se ha quedado en los huesos.»
«Está ahogando sus penas en alcohol.»	«Está completamente perdido.»	«Esto lo ha cambiado mucho.»
«Para él esto tampoco es tan sencillo.»	«No sabe qué hacer con su vida.»	«Se está descuidando totalmente.»

Sí, muy amargo todo. Pero no es asunto tuyo. Llegados a este punto, cada cual deberá responsabilizarse de sus propios sentimientos, antes de pasar a otra cosa.

65

DÍA

La generación de los *millennials* está de acuerdo sobre todo en una cosa: la ira es mala. Quien ha crecido frente al botón de «Me gusta» y está condicionado por la gratificación instantánea prefiere el consenso al disenso. Sí, el deseo de gustar a todos es un sentimiento bonito. La rabia, la ira, la crítica, en cambio, son incómodas y molestas. Con el tiempo, hemos olvidado cómo enfadarnos de verdad. La autora Meredith Haaf observa este fenómeno especialmente en las mujeres: «Las alemanas que nacieron en los años ochenta [...] miran con recelo las discusiones y las situaciones tensas, precisamente cuando se trata de luchar por sus propios derechos y oportunidades». Los *millennials* podrían tomar ejemplo de la generación Z, que sale una y otra vez a las calles para exigir, alto y claro, que se salve el planeta. (No entraremos aquí a analizar lo que hacen los *baby boomers*.)

La rabia es molesta pero productiva. Quien la siente se llena de energía para remangarse y luchar por su vida, abrir nuevos caminos y avanzar. Reprimir esa rabia, sobre todo tras una ruptura amorosa, constituye un error, resulta insano a la larga y está demostrado que puede conducir a una depresión. Este tipo de comportamiento es fruto, entre otros factores, de la preocupación de que, pasadas unas semanas o unos años, el ex pueda decir: «¡Vaya con aquella! ¡Menuda energúmena estaba hecha!».

Recordémoslo: los hombres que gritan son fuertes e independientes. Las mujeres que gritan, en cambio, son unas histéricas. Esta es otra de las leyendas del patriarcado que, por lo que parece, se sigue difundiendo sin descanso y que funciona como una carrera de relevos entre hombres blancos de una cierta edad: avanzan lentamente, sí, pero tienen la determinación de ganar como sea. La psicóloga Verena Kast nos anima a percibir la rabia y a ponerle nombre, y sobre aquellos que la evitan sostiene: «No pueden sacar provecho del enfado. Porque el enfado me está diciendo que alguien está sobrepasando mis límites, que alguien está hiriendo mi autoestima, mi identidad. Y tengo que advertírselo». Así pues, ¡sácale partido a tu rabia!

La rabia es un elemento recurrente en este libro. Además, cambia sin cesar: aquello que te enfadó hace un par de semanas no es necesariamente lo que te tiene enfadada hoy.

FECHA

¿Qué te enfurece siempre?	¿Qué te enfurece ahora?	¿Qué ha dejado de enfurecerte?

66

DÍA

Tengo un consejo realmente extraño pero bastante obvio para quienes deseen compensar el dolor tras una ruptura: subirse a una montaña rusa. No, no es una broma. De hecho, incluso es una consecuencia lógica de todo lo que sabe la ciencia acerca de la secreción de serotonina, dopamina y adrenalina. En el contexto de este libro, claro, semejante consejo resulta, de entrada, un tanto desconcertante, pero todos aquellos que hayan leído algo acerca de las conexiones bioquímicas y las presiones estructurales lo acogerán como una idea eficaz, aunque extravagante.

Subirse a una montaña rusa.

Sí, primero hay que asimilar esta propuesta. La idea de sentarse en una montaña rusa para burlar este estado sentimental de mierda resulta grotesca. Pero si lo piensas bien..., ¿por qué no? Por desgracia, el trayecto en la montaña rusa no podrá hacer nada contra el patriarcado, pero sí tendrá efectos en la química de tu cerebro. Y te permitirá distraerte. Así pues, antes de ponerte a dialogar contigo misma y con tu destino, agarra del brazo a una persona que te caiga muy bien y llévatela a un parque de atracciones. Deja que tus transmisores y tus receptores se limpien a fondo.

En internet se lee mucho la frase «Todo lo que quieres está al otro lado del miedo». A veces, excepcionalmente, internet tiene razón.

FECHA

¿Dónde queda la montaña rusa más cercana?

¿Cuándo podrías subirte a ella?

/ /

Y lo más importante: ¿con quién?

66 DÍAS SUPERADOS: UN RESUMEN DE LO VIVIDO

Los acontecimientos de los últimos meses han sido extenuantes. Pero hasta ahora has conseguido superar cada día, por jodido que fuera. Tienes que felicitarte por ello. Sigues aquí y no ha sido nada fácil. Tomando algo de distancia con respecto a los «grandes momentos» vividos (las conversaciones acerca de la separación, las crisis nerviosas, los días en los que no has hecho más que llorar, la desesperación que has sentido en secreto a las tres y media de la mañana), te darás cuenta de que ya empieza a dibujarse una pequeñísima certeza: tu vida tiene futuro también sin él.

Algunas estrategias de compensación te han funcionado. Otras, no. (¡Probablemente todavía no has probado lo de montarte en la montaña rusa!) A cada persona le va bien una cosa distinta, pero las circunstancias estructurales son idénticas para todas. Seguramente hay bastantes datos que te han indignado; otros te habrán sorprendido; algunos incluso te habrán dejado sin palabras. Has aprendido mucho sobre el cerebro y sobre cómo está estructurado, y has adquirido conciencia de determinados patrones sociales de comportamiento que, con toda probabilidad, durante años has aceptado como algo natural, lo cual no los hace menos erróneos.

Hay que dejar constancia de todo esto. Así que manos a la obra.

¿Cómo ha evolucionado tu espionaje cibernético en estos últimos treinta y tres días? Represéntalo en forma de gráfica:

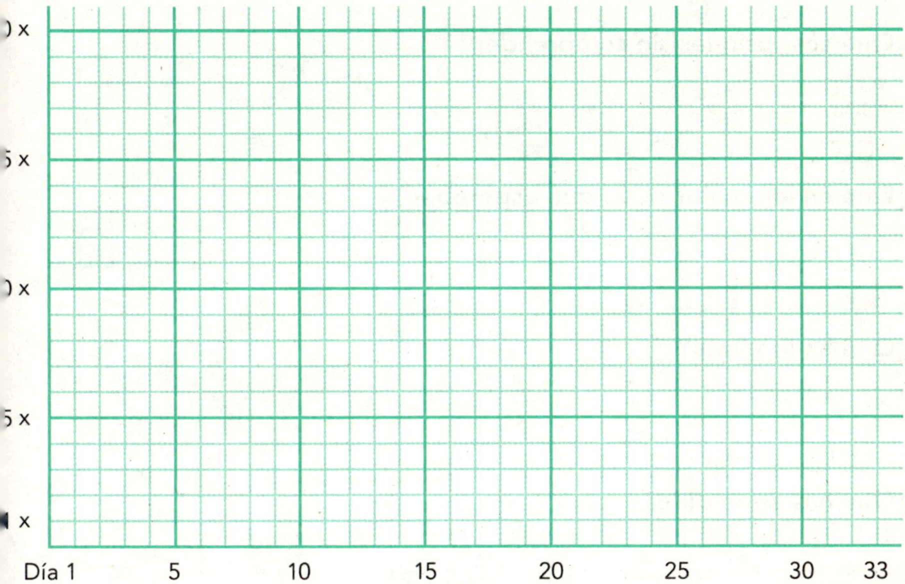

66 DÍAS SUPERADOS: UN RESUMEN DE LO VIVIDO

¿Qué cosas has comprendido?

¿Qué cosas sigues sin comprender?

¿Qué ha ido mejor de lo que esperabas?

¿Qué ha ido fatal?

¿Qué has aprendido?

¿Qué estupideces ha hecho él desde que os separasteis?

¿Qué estupideces has hecho tú desde que os separasteis?

Me gustaría volver a verlo pronto. SÍ NO

Me gustaría decirle algo urgentemente. SÍ NO

Me gustaría volver a acostarme con él. SÍ NO

Me gustaría explicarle algo. SÍ NO

Me gustaría que volviera. SÍ NO

.... SÍ NO

¿De qué te sientes orgullosa?

....

....

....

....

....

SOLTAR

DÍAS 67–99

67

DÍA

Cuando empezaste a leer este libro, hace ya más de dos meses, veías el día en el que estamos hoy como una gran promesa: cuando llegaras a esta parte, comenzarías a vislumbrar el fin. ¡Sería tan bonito que pudieras incluso acelerar un poco todo este proceso!: pis, pas, hojear un poco las siguientes páginas, leerlas por encima y llegar rápidamente al día 99, en el que el dolor habrá desaparecido y la vida te parecerá liviana y de color rosa.

¡Quieta ahí!

Esto no es Netflix, aquí no hay ningún botón de «saltar intro». No puedes hacer avanzar a toda prisa los próximos treinta y tres días. Por desgracia, eso no funciona, por muy comprensible que sea tu deseo de actuar así. Para explicarlo, también en este caso tenemos un maravilloso concepto: la «precrastinación», que es lo contrario de la procrastinación, o sea, de esa tendencia enfermiza —de la que tantísimo se habla— a postergarlo todo, a no realizar las tareas que deberíamos hacer. La «precrastinación», en cambio, se refiere al impulso de empezar inmediatamente una actividad y terminarla cuanto antes. Varios estudios de la Universidad de California, de la Universidad de Pensilvania y de la Universidad Estatal de Washington han analizado este fenómeno por separado. Lo cierto es que este objeto de investigación es muy nuevo: de hecho, se comenzó a abordar hace tan solo unos años, a raíz de un descubrimiento casual. Pero cualquiera que eche un vistazo a lo que ocurre en las oficinas y en los grupos de WhatsApp se estará preguntando, seguramente, cómo es posible que no se haya acuñado antes este concepto: el ritmo de nuestro día a día, tanto en el terreno profesional como en el personal, está configurado de tal forma que quien consiga ejecutar una tarea antes tendrá (se supone) más tiempo para hacer algo que le guste. Sin embargo, de un modo muy estúpido, la mayoría de las veces no empleamos ese tiempo sobrante para algo bonito, sino para emprender cualquier otra tarea y terminarla antes. Un círculo vicioso.

El motor que impulsa este comportamiento autodestructivo es nuestro deseo de liberar nuestra memoria, de experimentar una sensación de éxito y de avanzar rápidamente, porque nuestra sociedad valora más a aquellas personas que rinden de manera impecable y obtienen resultados por encima de la media.

FECHA

La presión por zanjar el duelo tras la ruptura de un modo rápido y estructurado, en la medida de lo posible a base de esfuerzo y compromiso, también es una forma de precrastinar. Pero no funciona. Da igual el empeño que pongas: hay cosas que necesitan tiempo, así que tómatelo. Aún te quedan treinta y dos días, como mínimo. En este caso, está bien que aplaces todo para tomarte una pausa, porque te permitirá desarrollar un pensamiento divergente y no lineal, es decir, curar como se debe tu corazón roto en lugar de pasarle a lo bestia una plancha por encima.

¿Eres fan de las listas de tareas pendientes? SÍ NO

¿Te generan una sensación de seguridad? SÍ NO

Marcar en ellas las tareas que vas ejecutando, ¿te provoca felicidad? SÍ NO

TU LISTADO REALISTA DE TAREAS PENDIENTES

¿Qué tareas te gustaría tener terminadas de aquí a una semana?

¿Qué tareas te gustaría tener terminadas de aquí a un mes?

¿Qué tareas te gustaría tener terminadas de aquí a un año?

68

DÍA

La molestia más duradera que provoca una separación es la pérdida de control. De repente, nos arrebatan con violencia la sensación de ser dueñas de nuestra vida, de nuestro día a día y hasta de nuestro futuro. La reacción natural es intentar, en medio del pánico, recuperar el control. Ya hemos visto, sobre todo al principio de este libro, qué mecanismos están involucrados en ese reflejo. Y también cuáles son sus consecuencias. Espionaje cibernético, conversaciones o encuentros forzados... cualquier cosa que te permita reconducir la situación a tu favor. Por desgracia, estas estrategias funcionan solo parcialmente o incluso nada en absoluto.

La pérdida de control es, ante todo, una sensación engañosa. En la mayoría de los casos no se corresponde con la realidad. El mundo no se ha hundido, tus amigos continúan ahí, la vida sigue teniendo sentido. No cada día, no cada hora, pero sí la mayor parte del tiempo. Así pues, poco a poco volverá a ti la sensación de control. Aunque es probable que lo haga a un ritmo demasiado lento para tu gusto.

Sin embargo, si das un paso atrás para tener algo más de visión y piensas en lo que ha ocurrido en las últimas semanas, seguramente te percatarás de que no todos los días han sido un armagedón total y absoluto. Como es natural, te pone nerviosa que tu yo no se sienta todavía como antes de esta fractura, pero ya no estás tampoco a punto de desmoronarte. Así que, en lugar de enfadarte por ir aún renqueando, fíjate en esos momentos y áreas que vuelven a estar bajo tu control.

FECHA

¿En qué áreas has recuperado el control?

¿En qué áreas te gustaría tener más control que ahora?

69

DÍA

Seguro que en tu cabeza te has montado una película a todo color, prácticamente en 3D, en torno a la siguiente escena: la primera vez que vuelvas a ver a tu ex serás *cool* y amable y encontrarás las palabras correctas para dirigirte a él; pero, naturalmente, no serás demasiado amable, sino que mantendrás un tono neutro; aunque, naturalmente, tampoco te comportarás como un frigorífico de categoría A+++...

Por desgracia, el azar suele tener otros planes para nosotras, así que, antes de que podamos estar emocionalmente preparadas para un encuentro, nos toparemos de repente con el ex. En el lugar más tonto que una pueda imaginarse para esta situación. Por ejemplo, en un autobús repleto de gente al que nos subimos en un día en el que está lloviendo a cántaros. Justo ese día en el que vamos vestidas como un espantapájaros, tenemos el desparpajo de una novicia y la elocuencia de un participante en un programa de telerrealidad de tercera clase. Experimentaremos una sensación de cercanía y, al mismo tiempo, de repulsa. Más desconcertante, casi imposible. Da igual cómo haya transcurrido el encuentro: lo más probable es que no hayas podido evitar ese caos de sentimientos. A veces, el destino es un cerdo sádico.

En esta situación, hay una cosa especialmente útil: quedarse callada. O, al menos, hablar lo menos posible. Pero esto no significa que tengamos que ser frías o desagradables. Tampoco que debamos ignorar al otro. Hay personas que, cuando se sienten inseguras, tienden a tartamudear o a hablar sin ton ni son. No todo el mundo es así, pero si tú perteneces a ese grupo, en el momento en que se produzca un encuentro fortuito pero inevitable procura recordar lo siguiente: menos es más. Déjale hablar a él. O habla lo mínimo. Al menos en lo que respecta a tu situación personal. En esta partida ya no te quedan cartas que jugar. Es imposible que ganes. Bastará con un sencillo «hola». Y, por favor, no formules ninguna pregunta concreta. Cuando te toque a ti responder, haz como las estrellas de Hollywood, que suelen asistir a cursos clásicos de retórica para aprender a contestar en las entrevistas con respuestas prefabricadas —que incluyen anécdotas con las que el interlocutor se queda satisfecho y no sigue hurgando— y a lanzar justo después una pregunta al entrevistador: por ejemplo, si te pregun-

FECHA

ta «¿Qué tal todo en el trabajo?», una buena respuesta para desviar la atención sería la siguiente: «Bien, pronto me van a pasar a un puesto en otra planta del edificio. ¿A ti también te va bien en el trabajo?». Es un ejemplo muy tonto, pero el principio está claro, ¿a que sí? El objetivo es salir lo antes posible (y lo más ilesa posible) de esa conversación. Y evitar martirizarte después con preguntas como si no habría sido mejor haber dicho esto o aquello, qué aspecto tenías y qué habrá pensado el otro de ti. Todo eso da igual. Te lo repito: ya estás fuera de este juego, no tiene sentido pretender ganar.

¿Qué pregunta abierta podrías hacerle?

¿Con qué pseudoanécdota podrías escabullirte?

IMPORTANTE

Aquí no se trata de herir a tu ex en la conversación, sino, sencillamente, de superar ese momento sin que sufras más daños colaterales afectivos. Llegará el día en que podáis hablar con total normalidad o incluso retomar la confianza que teníais antaño sin dañaros mutuamente. Pero pretender hacerlo en este momento es querer ir demasiado lejos.

70

DÍA

La violencia del impacto que sentimos cuando nos abandonan es enorme. Se trata de una violencia que se empeña en acabar con nosotras sin piedad. Y, como es lógico, en esa situación intentamos aferrarnos a todo lo que está a nuestro alcance. Y nos quedamos ahí, agarradas. Hasta el cuarto mes de vida, aproximadamente, los bebés tienen un marcado reflejo de prensión, que proviene del tiempo en el que los recién nacidos aún se asían a sus madres para evitar que, sin querer, los dejaran atrás en una situación de peligro. Este reflejo va desapareciendo poco a poco, pero es probable que todos hayamos experimentado alguna vez esa calidez tan particular que nos invade cuando le tendemos nuestro dedo a un bebé y él lo coge con sus pequeñísimas manitas. No, para sentir algo así no es necesario ni que nos gusten los niños ni que nos apetezca tenerlos: simplemente es imposible permanecer impasibles ante ese contacto.

En los momentos en los que te sientas con la moral por los suelos y aún no hayas conseguido dejar ir todo lo sucedido, puede que sea una buena idea pensar en ese bebé. Tampoco es tan terrible aferrarse. Todo lo contrario: no todos los días podemos comportarnos de forma adulta y reflexiva y mantener el control. Hay que ir dedo a dedo. Ese afán tuyo por aferrarte irá desapareciendo, igual que desaparece en los bebés pasados unos meses. No merece la pena preguntarse si no sería mejor querer menos y sufrir menos, en lugar de querer más y sufrir más. No hay ninguna respuesta adecuada para este interrogante. De hecho, las respuestas también van cambiando sin cesar.

A menudo pensamos que deberíamos hacer esto o aquello. Pero en estas circunstancias lo que hay que plantearse directamente es: ¿quién dice eso?

En efecto: solo tú.

FECHA

EL BINGO DE LAS MEMECES

Marca aquellas ideas que aparecen de manera constante y repentina en tu cabeza:

Debería...

... haberlo superado hace ya tiempo.	**... dejar de pensar en él.**	**... haber avanzado mucho más.**
... decirle a él lo mucho que pienso en tal cosa.	**... actuar con mucha más seguridad.**	**... controlar mejor mis sentimientos.**
... comportarme de una forma más adulta.	**... borrar para siempre su número de teléfono.**	**... estar menos triste y agotada.**

Por cierto, ni debes ni tienes por qué hacer nada. ¡No seas tan dura contigo misma!

71

DÍA

El filósofo Pedro Tabensky ha acuñado un bello término: la «preocupación de segundo orden». La define del siguiente modo: «Una de las mayores preocupaciones es la preocupación por nuestras preocupaciones. [...] Surge de la decepción, de la sensación de que el sufrimiento es inútil, infructuoso o absolutamente reprochable; en definitiva, sin sentido». Pero para categorizarlo de esa manera sería necesario contar con algo así como con una entidad de valoración de las preocupaciones, que analizara si esas inquietudes son útiles porque a partir de ellas se ha creado algo positivo o nuevo o si, por el contrario, no son sino un contenedor olvidado, repleto de basura, que el camión del servicio municipal de limpieza lleva meses sin recoger. El solo hecho de saber que ese contenedor de preocupaciones continúa ahí puede llevarnos a sentir nuevas preocupaciones que se añaden a las anteriores y se van apilando de forma prodigiosa, sin aportar absolutamente nada.

Por desgracia, no hay ninguna ley cósmica que, en primer lugar, permita valorar las inquietudes según su utilidad y, en segundo lugar, sea capaz de compensar las toneladas de preocupaciones acumuladas con otras tantas toneladas de felicidad, de modo que al final reine el equilibrio. En realidad, ese equilibrio dependerá de la mirada del observador, quien, de todas formas, no será capaz de clasificar las emociones hasta que todo haya pasado, porque solo comprendemos mirando hacia atrás, nunca hacia delante. Así que no nos preocupemos por el hecho de que la preocupación siga ahí. Más bien, veamos la separación como un proceso, y no como un espectáculo único para el que tengamos billetes en primera fila del patio de butacas.

La psicoterapeuta Johanna Müller-Ebert lleva tiempo estudiando lo que se conoce como la «capacidad de separación», y lo tiene claro: no todos nacen con ella, pero se puede aprender. Solo se necesita práctica. Así lo explica: «Evidentemente, cuando nos dejan, lo primero que sentimos es una herida en nuestro orgullo, nuestra dignidad y nuestro respeto. Después aparece el propósito de tomar distancia con respecto a esas vivencias negativas. Se trata de un paso activo que evita que nos mantengamos siempre en la posición de víctimas. Algunas de las estrategias que podemos aplicar en este sentido son reconocer el dolor y despedirnos a nuestra manera. Pero también pensar en el futuro: ¿voy a permitir que el dolor me supere? ¿Cuánto tiempo quiero dedicar cada día a lamentarme por el tiempo perdido?».

FECHA

Es mejor que emplees el tiempo en desmenuzar el dolor hasta separar todos sus componentes. Así, trituradito, ya no te parecerá tan aterrador.

¿Te sientes como una víctima? SÍ NO

¿Pensabas que el proceso de separación iba a durar tanto? SÍ NO

¿Te gustaría acelerarlo? SÍ NO

¿Tienes claro que no es posible hacerlo? SÍ NO

¿Te entristece verte todavía frecuentemente abatida? SÍ NO

¿Observas alguna diferencia en tu estado de ánimo entre el día 1 y el día de hoy? SÍ NO

¿Te cuesta mucho esfuerzo actuar con firmeza y de forma despreocupada ante la gente de tu entorno? SÍ NO

¿Te sientes más conectada contigo misma que hace un par de semanas? SÍ NO

¿Crees que vas por el camino adecuado para volver a ser, dentro de poco tiempo, la que eras antes? SÍ NO

En estos últimos tiempos... ¿realmente has sido tú misma? SÍ NO

72

DÍA

Hay personas que saben tomar decisiones. Y otras que no consiguen hacerlo de ninguna manera. Le dan mil vueltas a la cabeza, sopesan pros y contras… aunque en realidad lo único que hacen es disimular que, en el fondo, lo que quieren es evitar mojarse, en la mayoría de los casos sencillamente por miedo a equivocarse. Sin embargo, nunca podemos saber si una decisión es correcta o errónea, y ni siquiera es relevante. Resulta mucho más crucial tomarla. Porque solo así podrá producirse algún cambio.

Como es lógico, en situaciones de estrés emocional nos resulta mucho más difícil decidirnos. Cuando una parte de nuestro cerebro está ocupándose de una crisis, es imposible que haya espacio para responder a unas preguntas tan simples como «¿Hoy quieres almorzar pasta o pizza?» o «¿Esta noche prefieres ir al cine o quedarte en casa?». Decisiones tan complicadas como las que hay que tomar después de una separación superan la capacidad de procesamiento de nuestro disco duro.

Los investigadores han identificado dos estrategias que seguimos a la hora de decidir. Una es la que se despliega cuando queremos rematar un asunto como sea. En tal caso, a menudo defendemos nuestra elección frente a cualquier tipo de crítica. Otra pasa por buscar toda la información posible antes de decidirse. Ninguna de estas dos opciones tiene por qué conducir al éxito o resultar satisfactoria a largo plazo. Lo que debemos hacer, más bien, es aprender convivir con las dudas que surgirán una vez que adoptemos nuestra resolución.

Según los científicos, estos cinco principios nos ayudarán a tomar decisiones:

1. Confiar no solo en nuestra cabeza.
2. Escuchar nuestros sentimientos.
3. Buscar reglas empíricas que puedan aplicarse de manera general.
4. No aspirar a alcanzar la perfección.
5. Limitarse a buscar un único buen motivo para nuestra decisión.

FECHA

¿Qué decisiones tienes que tomar en estos momentos?

¿Cuál sería ese único buen motivo por el que deberíais manteneros separados?

73

DÍA

Está bullendo la olla de los rumores: parece que tu ex sale con otra. En el peor de los casos, con una mujer que a ti no te gusta ni un pelo. ¿Por qué demonios no actúa él con discreción, en lugar de contarlo a los cuatro vientos? Expectativas versus realidad. Como es evidente, esto no es una infidelidad en sentido estricto, porque oficialmente ya habéis roto. Pero ahora mismo te sientes como si alguien te hubiera arrojado un yunque sobre el pecho. La razón te dice: tiene todo el derecho del mundo a actuar así, está soltero, puede liarse con quien quiera. El corazón, en cambio, se pregunta: «Pero ¿cómo ha podido?». Hay tantos sentimientos zumbando en tu sistema emocional que la cabeza casi te da vueltas: celos, rabia, ira, decepción, ofensa, humillación... La lista es interminable y espantosa.

Duele. Si no te doliera, podrías cerrar tranquilamente este libro, porque eso significaría que has superado tu duelo por la ruptura. Pero es bastante probable que te escueza. Es normal. Pero míralo así: esta información te da un empujón en la dirección contraria para que tomes mayor distancia con respecto a ese hombre, a esa relación y a esa persona que fuiste cuando estabas con él. Y es bueno. Desde más lejos se tiene una mejor visión de conjunto. Y a ese conjunto pertenece también el hecho de que, por lo general, en nuestros días las mujeres siguen administrando su sexualidad de una forma diferente a los hombres. Se trata de algo aprendido. Pero que algo sea aprendido no significa que sea necesariamente correcto. La socióloga Eva Illouz llega a decir incluso que «si la sexualidad es un campo de lucha, los hombres solo pueden ganar estatus y prestigio cuando logran demostrarse a sí mismos y demostrar a los demás que han derrotado a otros hombres». Para ellos, hacer ostentación de su actual conquista conlleva afirmar su lugar en la sociedad. El sexo, justo cuando se supone que no tiene significado alguno, sí que significa algo, en realidad: mirad, sigo siendo valioso, aunque haya echado a perder una relación. Resulta difícil no tomárselo como una cuestión personal. Y nos obliga a plantearnos muchas otras preguntas acerca de la sociedad patriarcal en la que vivimos. No existen soluciones fáciles. En esta estructura, comportarse como este tipo rancio de hombres no tiene por qué implicar que uno vaya a sentirse mejor. El sexo no debería ir vinculado al lugar que ocupamos en la sociedad. Desde luego, no de este modo.

FECHA

En caso de que hayas oído que él tiene algo (lo que sea) con otra: ¿quién es ella?

¿Cómo de herida te sientes?

74

DÍA

Hay un maravilloso tópico que circula entre las mujeres y que asegura que un viejo amor solo puede olvidarse con un amor nuevo. Como si una nueva pareja pudiera reiniciar todo nuestro sistema y hasta instalar las correspondientes actualizaciones en nuestro disco duro. El problema aquí es que el *hardware* sigue siendo el mismo y todavía está configurado para funcionar con el antiguo sistema operativo. Sin embargo, cuando tenemos el corazón hecho picadillo, una promesa como esta nos parece muy reconfortante. Eso sí, como en teoría somos adultas, matizamos ese mito, diciéndonos algo así como: «Bueno, tampoco hace falta que este tío sea el gran amor de mi vida, al principio me basta simplemente con el sexo». Si los hombres pueden actuar así, ¿por qué tú no?

En teoría, gracias a Tinder, Bumble y compañía, hoy en día es facilísimo organizar una cita con alguien solo para mantener una relación sexual. Sin embargo, cuando vemos que la oferta que nos proponen se compone únicamente de tipos que se hacen una foto bien en el espejo del gimnasio, bien junto a un coche de alquiler, bien delante de un decorado con motivos de palmeras, la verdad es que perdemos enseguida el entusiasmo. La verdad es que, de alguna manera, cuando aún estábamos en nuestra relación estable nos imaginábamos que todo este mundillo sería más emocionante. Dicho de un modo más exacto: no contabas con que lo que ibas a encontrar eran tíos que ya no le interesan a nadie. ¿Y por qué esos tíos en concreto te parecen tan poco atractivos? Pues porque automáticamente los comparas con tu ex. Él sí que te llegó al corazón, cosa que «Marco, treinta y cuatro años, experto en estrategias de marketing, me gusta cocinar» no hará jamás.

Pero ¿y si el mito encierra algo de verdad? Al fin y al cabo, en principio el sexo es bueno para alimentar el ego. A lo mejor encuentras a alguien con quien funcionas de maravilla en ese terreno. Aunque es más probable que la primera relación con otra persona después de la ruptura te resulte torpe, extraña y particularmente insatisfactoria. En parte porque, de repente, reaparecerán todas esas inseguridades que hacía ya tiempo que permanecían en el olvido. A veces, la rutina en una relación es buena, mientras que la excitación por la novedad resulta, en parte, algo desconcertante.

FECHA

A decir verdad, da un poco igual que el sexo sea fantástico o mediocre. Lo importante es que seas consciente de que ahí fuera hay otros hombres que te parecen atractivos y a los que tú les pareces atractiva. Y tranquiliza saber que el último hombre no ha sido realmente el último de tu vida. Aunque este de aquí no tenga por qué ser el siguiente. Por mucho que le guste cocinar de forma sumamente estratégica desde el punto de vista del marketing.

En caso de que todavía no te hayas acostado con nadie después de tu ex...

¿... podrías imaginarte hacerlo con otro hombre? SÍ NO

¿... te has descargado ya alguna aplicación de citas? SÍ NO

¿... te sientes como si estuvieses engañando a tu ex? SÍ NO

En caso de que ya te hayas acostado con alguien después de tu ex...

¿... conseguiste relajarte? SÍ NO

¿... fue liberador? SÍ NO

¿... lo repetirías? SÍ NO

Cómo los hombres y las mujeres hacen un uso diferente de Tinder

En los últimos años no ha habido aplicación de citas que haya causado tanto furor como Tinder. Desde 2012, este algoritmo creado en California está transformando de raíz la forma en que conocemos a otras personas. Tinder es rápido, sabe perfectamente generar adicción a través de su diseño, muy parecido al de los videojuegos, y propone una selección óptima de candidatos. En 2019 contaba con cincuenta millones de usuarios en todo el mundo, de los cuales el 67,8 % eran hombres y el 32,2 %, mujeres. Cada día se producen doce millones de *matches* en esta aplicación, que en un principio se diseñó para el *smartphone*, y no para el ordenador personal, y que permite llevar en el bolsillo prácticamente al compañero ideal para cada necesidad. Tan solo hay que buscarlo, deslizar su foto hacia la derecha y rezar por que él haga lo mismo.

Tinder sugiere una disponibilidad igualitaria del sexo. Los sentimientos quedan en un segundo plano. O, al menos, esa es la estrategia publicitaria por la que apuesta. Lo cierto es que, aunque muchos actúan como si Tinder fuera para ellos un mero instrumento para satisfacer sus necesidades físicas, los números indican que la realidad es otra. De hecho, la mayoría de sus usuarios albergan la esperanza de encontrar una pareja estable y, de acuerdo con un estudio elaborado por las investigadoras de ciencias de la comunicación Sindy Sumter y Laura Vandenbosch, quieren aunar lo corporal y lo afectivo. Otro estudio incluso ha determinado que el 80 % de los clientes van en busca de una relación duradera. Sin embargo, si analizamos los detalles, comprobaremos que las expectativas de hombres y mujeres en torno a esta aplicación son diferentes. Ellos están más interesados en el sexo, mientras que ellas se centran más en las relaciones. Los hombres deslizan el dedo hacia la derecha con mucha más frecuencia y en mucha mayor medida que las mujeres. En cifras: el 46 % de las veces frente al 14 %. Si le damos la vuelta a este dato, esto significa que si una mujer decide hacer *match* a un hombre en Tinder, hay muchas probabilidades de que él esté buscando algo físico, mientras que ella anhela algo afectivo. De ello se deriva, con frecuencia, un molesto fenómeno: dos personas han hecho *match*, pero la conversación se estanca o solo una de ellas la aviva, lo cual sugiere que muchos usuarios utilizan la aplicación solo para autoafirmarse y comprobar qué valor tienen en el mercado. Dado que los hombres tienden más que las mujeres a deslizar el dedo hacia la derecha, resulta muy fácil prever quién suele sufrir en este caso más *ghosting* por parte de quién.

La experta en estudios culturales Johanna Warda escribe: «[Internet] facilita y exige una cierta dosis de "autodiseño" y pone a prueba el concepto —tan relevante hoy en día— de la autenticidad. En los encuentros y la comunicación a través de internet se dan nuevas condiciones para la interacción humana que, en este siglo XXI, están marcando profundamente los contactos románticos». En Tinder, todos podemos mostrarnos como queramos, ser lo que queramos y convertirnos en lo que queramos. En esta época en la que alimentamos con tanto mimo Instagram y fingimos constantemente que nuestra vida es envidiable, la mentira en Tinder ya no se puede ver como tal. El yo online y el yo offline no tienen por qué coincidir. El deseo y la realidad se confunden a ojos vistas, incluso en la propia percepción. El crudo impacto no llega hasta que no nos reflejamos en el otro. Una relación que en Tinder —es decir, mientras lo único que se hace es chatear— va bien puede convertirse en un horror absoluto a la hora de la verdad. Johanna Warda lo resume así: «Dado que ligar online consiste en conocer a través de mensajes de texto a un completo desconocido desprovisto de cuerpo, se llega a una especie de *verbal overshowing*, es decir, a un predominio de lo lingüístico, que invierte el orden del proceso del conocimiento: primero nos encontramos con la persona como unidad psicológica; después (por lo general), como voz y, solo al final, como ser corpóreo (con sus gestos, su mímica, su olor), lo que explica el fenómeno, tan debatido, de que muchos de los encuentros reales que tienen lugar después de un intercambio textual intenso y positivo se interrumpan por una sensación de desencanto».

Quien después de una separación busque autoafirmarse, es decir, esté, en cualquier caso, herido y lastimado, puede reparar rápidamente en Tinder sus daños de chapa y pintura. Y eso funciona tanto para hombres como para mujeres. Si lo que se busca es sexo, hay que decirlo sin rodeos. Pero también conviene ser sincera con una misma sobre si lo que se desea en realidad es saciar la necesidad de cercanía y atención que ha surgido tras la ruptura. Porque ningún pene de este mundo puede tapar semejante agujero emocional.

75

DÍA

En un momento en el que sentimos inseguridad acerca de nosotras mismas, se nos abre de repente un espacio prácticamente vacío, pero casi infinito, que de forma maniática nos empeñamos en llenar, como si fuésemos ardillas, de meros disparates. ¡Oh, pronto llegará el invierno y es posible que necesite toda esta estúpida falta de confianza en mí! ¡Anda, qué bien, una nuez de dudas! ¡A la madriguera con ella!

Un estupendo medio de transporte para acarrear desde fuera hasta el interior de nuestro almacén las dudas acerca de nosotras mismas es la comparación. Y, por supuesto, el mejor lugar para practicarla son las redes sociales. En ellas, ocultas tras un maravilloso anonimato, podemos maltratar nuestro ego. En Instagram se suceden las fotos espectaculares que nos dicen: «¡Por aquí todo es extraordinaria y colosalmente fenomenal! Mi vivienda y su exquisita decoración; mi trabajo, que me hace sentirme plenamente realizada; mi apasionado novio; mi reluciente melena... Además, soy una madre amorosa y hago con mis adorables hijos manualidades de unicornios elaborados con castañas. De paso, hace poco he ganado un premio por mi trabajo». Dan ganas de vomitar. A su lado, nuestra propia vida nos parece sosa y gris.

La escritora Mercedes Lauenstein dice al respecto: «Los humanos somos seres sociales. Cuando dejamos de serlo, estamos muertos, fallecemos por aislamiento, por la supresión de toda atención y estímulos externos. En la asignatura de ética aprendemos que solo podemos llegar a ser lo que somos a través del reflejo en los demás. Y eso no excluye la comparación con ellos. Pero cuanto mejor dominamos esta comparación, antes nos domina ella». Compararnos con alguien que está por debajo nos hace momentáneamente felices, pero compararnos con alguien que está por encima nos frustra durante largo tiempo. Después de que una separación nos haya hecho ver que, al menos supuestamente, tenemos carencias en diferentes ámbitos, es natural que reaccionemos de forma automática imponiéndonos una vara de medir aún más estricta. En este sentido, Lauenstein abre vías muy interesantes para la reflexión: «Lo que solemos olvidar es que los cuentos siempre son más glamurosos que la realidad. En el 98% de los casos, esa vida de los demás que nos parece sin duda mejor

FECHA

que la nuestra, que nos resulta tan brillante como se muestra en las fotos o se proclama en los textos, no es más que una cosa: *fake news*». Es difícil no compararse con otras mujeres, con el ex y hasta con uno de los nuevos ligues del ex. Pero al hacerlo nos estamos imponiendo metas demasiado exigentes. Así pues, compara, pero de forma realista y recordando siempre que lo más probable es que ellos tampoco sean excelentes en todo, pero tienen tan pocas ganas como tú de mostrar sus puntos débiles.

¿Con quién te comparas?

¿En qué se supone que esa persona es mejor que tú?

¿Por qué te comparas precisamente con esa persona?

¿Cuál es tu vínculo con ella?

¿Cuáles son sus puntos débiles?

¿Te compararías también con ella si no acabaras de romper con tu pareja? SÍ NO

76

DÍA

Soltar es, de por sí, una tarea difícil. Pero es mil millones de veces más difícil cuando el otro no te permite hacerlo. El concepto de *hoovering*, que se refiere al intento por parte de la otra persona de «aspirarte» o arrastrarte hacia sí, es relativamente nuevo. Procede de los estudios acerca del narcisismo y, de hecho, se trata de una estrategia muy aplicada por los narcisistas. Consiste en anunciar a bombo y platillo a tu pareja que la dejas y, más tarde, volver con ella. Por eso, separarse de un narcisista es una tortura infernal multiplicada hasta el infinito, porque es un proceso que se repite una y otra vez. Mediante la manipulación y artimañas propias de un psicópata, el narcisista logra la docilidad de la otra persona, que a menudo se pasa años sin conseguir liberarse de este tipo de relación tóxica. Naturalmente, existen diferentes grados de severidad. Es importante que permanezcas atenta si tu ex trata de contactar contigo de forma periódica, por la vía que sea. Los mensajes, las llamadas, los encuentros casuales no tan casuales que ocurren cada cierto tiempo... estos elementos impiden principalmente una cosa: que tomes la distancia adecuada.

Lo dicho es válido también en el sentido contrario: no podrás desprenderte si buscas constantemente el contacto con él. En ese caso serás tú la que esté «aspirando» al otro. Si deseas salir de una vez por todas de este irritante estado de agregación de la materia después de una ruptura, tendrás que acordarte de cuando en cuando de Guy Winch: al principio de este libro ya vimos que este autor aboga por bloquear todo tipo de contacto. Y esto, después de muchas semanas, sigue significando que, en la medida de lo posible, no debes actuar y menos aún reaccionar. Si estás en proceso de asumir la ruptura, arriesgarte a retomar el contacto no hará más que complicar las cosas. Y en caso de que, de hecho, te las estés viendo con un narcisista, estaríamos jugando ya en otro terreno.

Que un ex se comporte de forma arrogante y manipuladora no significa necesariamente que sea un narcisista, pero también es cierto que, a menudo, las mujeres se pasan mucho tiempo sin identificar a los narcisistas ni el abuso emocional al que las someten.

FECHA

Si respondes afirmativamente a más de la mitad de las siguientes preguntas, la probabilidad de que estés ante un narcisista es elevada. En tal caso, necesitarás ayuda externa y una voluntad de hierro. Busca información. No es una vergüenza haber sido víctima de alguno de ellos.

¿Tu ex te acusaba de estar loca o de ser hipersensible? SÍ NO

¿Acusaba de ello a sus ex? SÍ NO

¿Te mentía con frecuencia? SÍ NO

¿Necesitaba muchísima atención? SÍ NO

Después de alguna discusión, ¿te castigaba guardando silencio e ignorándote? SÍ NO

¿Le resultaba difícil estar solo? SÍ NO

UN LIBRO QUE RECOMIENDO

En caso de que tengas la impresión de que la relación con tu ex es algo más que tóxica y constantemente rompéis y volvéis, avanzáis y retrocedéis, lee *Psychopath free*, de Jackson MacKenzie, una obra que ofrece una descripción muy interesante de los patrones de comportamiento y los indicios clásicos que deberían alarmarte. Te ayudará a liberarte de esta situación.

77

DÍA

En esta época nos están metiendo hasta en la sopa una serie de nuevos conceptos en los que se camufla la falta de gusto con anglicismos de lo más modernos. El más importante de ellos: el *ghosting*. Hace un tiempo se habría hablado más bien de «una espantada en toda regla», pero entre ambas acciones existe una diferencia muy precisa. La periodista Tina Soliman, que ha escrito varios libros acerca de esta forma de romper el contacto, explica así su particularidad: «En una espantada, el contenido adopta una forma desconcertante, como la huida o el silencio absoluto. En cambio, en el *ghosting* es la forma la que define el contenido [...]. El *ghosting* es más sereno y frío que una mera espantada. [...] Quien pega una espantada es un fugitivo. Quien practica el *ghosting* es un desertor». Soliman relata en su último libro varias historias de *ghosting*. El elemento común de todas ellas es la ruptura de contacto, la desaparición (estratégicamente planeada) de la persona. Hay parejas que se esfuman sin previo aviso, cambian su número de teléfono, rescinden su contrato de alquiler y dejan la impresión de que la tierra se los ha tragado.

La ciencia confirma que es sano tomar una distancia con respecto al ex después de una ruptura. Pero el *ghosting* no es solo una actitud repugnante: es que a menudo deja tras de sí a personas traumatizadas, a las que desprecia, desconcierta y rompe. Y, aunque parezca estar cada vez más aceptado socialmente, eso no lo hace ni justificable ni comprensible. Precisamente en las mujeres, como apunta Soliman, activa el clásico reflejo de inferir que, si él las trata así, es por culpa de ellas. No, estas cosas no se hacen. Y el hecho de que cada año, según las estadísticas, el número de personas que lo practican aumente tampoco debe hacernos pensar que se trata de un comportamiento normal. Es lo que la psicoanalista Marie-France Hirigoyen denomina «violencia limpia»: «No hay ninguna prueba de la realidad que [la víctima] está padeciendo. Cuando hay violencia física, sí hay elementos exteriores para atestiguar lo que sucede: informes médicos, testimonios oculares o informes policiales».

Si estás sufriendo *ghosting*, no es por nada que tenga que ver contigo, sino por la incapacidad y la inmadurez del otro. Te lo repito: tomar distancia está bien, practicar *ghosting* es asocial. Y frente al tópico, aquí va una cruda verdad: las mujeres practican más *ghosting* que los hombres.

FECHA

¿Alguna vez has practicado el *ghosting*? SÍ NO

¿Alguna vez has sido víctima del *ghosting*? SÍ NO

¿Te sorprende cómo se está comportando tu ex desde que os separasteis? SÍ NO

¿Te sorprende cómo te estás comportando tú? SÍ NO

¿Crees que la idea que tenías de tu ex es equivocada? SÍ NO

¿Qué es lo que más te ha decepcionado?

78

DÍA

Vivimos en una sociedad del rendimiento. Solo quien se esfuerza de verdad parece tener valor en ella. Y quien no va alcanzando hitos y éxitos es porque no ha trabajado lo suficiente. Este es el círculo vicioso que marca nuestro día a día, nuestra comunicación y, por supuesto, el amor. En su libro *Your Ex-Factor*, el psicólogo Stephan B. Poulter apunta a una faceta especialmente repugnante de este fenómeno: «Las relaciones sentimentales son el baremo por el que medimos el éxito y el fracaso en nuestra vida. El trabajo y la trayectoria profesional experimentan vaivenes, pero nada es tan atemporal como la experiencia de un matrimonio estable, de una pareja para toda la vida y de una relación tierna».

Si nos hemos estrellado una y otra vez contra este baremo, nos sentiremos, lógicamente, pequeños e insignificantes. Por desgracia, hay algo que Poulter no se pregunta: ¿por qué nos arrodillamos frente a este baremo? ¿Quién lo ha establecido, en realidad? ¿Corresponde a una ley cósmica? ¿Existe en alguna parte un boletín de notas para evaluar cada relación positiva y duradera? Y, en caso de que en alguna de ellas hayamos obtenido una calificación de diez, ¿recibiremos algún premio, como cuando éramos niños? No. Por supuesto que no. En consecuencia, no tiene sentido fijar este baremo. Porque las personas que no se sienten lo bastante buenas acaban, por fuerza, enfadándose. Enfadándose consigo mismas. Y eso es destructivo y les arruina la vida.

La realidad es justo la contraria: lo que nos convierte en seres fuertes y capaces de reflexionar sobre nosotros mismos son, precisamente, las situaciones que nos han supuesto un reto. Los obstáculos que hemos superado. Es así como crecemos. Es así como aprendemos a ser empáticos, tanto con los demás como (¡si hay suerte!) con nosotros mismos. Básicamente, dejar una relación que no funciona demuestra más madurez que aferrarse a ella para seguir compitiendo de cara al mundo exterior por conquistar la siguiente medalla.

FECHA

¿Diriges tu rabia contra ti misma? SÍ NO

¿Tienes estrategias concretas para compensar esa rabia? SÍ NO

¿Te parece una actitud sana? SÍ NO

¿Puedes verbalizar tu rabia? SÍ NO

¿Te crees la felicidad de ciertas parejas de tu entorno? SÍ NO

¿A tu alrededor tienes parejas que fingen seguir unidas? SÍ NO

79

DÍA

Algunos interrogantes siempre se quedan sin respuesta, por muchas vueltas que les des en tu cabeza. Las preguntas que empiezan por «¿Y si hubiera...?» son especialmente idóneas para volvernos locas. El imperfecto del subjuntivo da miedo. Y el miedo suele llevarnos a tomar decisiones de forma impulsiva o irracional. Si nos empeñamos en contemplar todas las opciones por las que podríamos habernos decantado en su momento para evitar nuestra actual catástrofe nuclear, nos explotará la cabeza.

Sin embargo, hay personas que podrían darnos alguna respuesta a las preguntas que el ex ha dejado sin contestar: sus novias anteriores. Aunque claro, si contactas con las ex, acabarás sintiéndote una cotilla, en el mejor de los casos, o ridícula, en el peor de ellos. Por eso parece más conveniente que te guardes todo esto para ti. Pero... ¿alguna vez te has parado a pensar que quizás la solución esté más cerca de lo que crees? A lo mejor hay una ex de tu ex que le está dando vueltas a la misma pregunta. Y puede que entre las dos podáis comprobar que, si la relación no funcionó, no era por vosotras, sino por él. Saberlo sería un alivio. Permitiría dar una respuesta sencilla a vuestras dudas. Y dejar de hablar en imperfecto de subjuntivo para pasar a hablar de hechos.

Está claro que abrirse de esa manera cuesta. Pero a lo mejor se te ocurre contactar con alguna chica que siempre te haya caído bien. Quizás podáis quedar para tomar café. Y lo mismo eso os permitiría aclarar ciertas cosas, no solo a ti, sino también a ella. Puede que merezca la pena plantearse esta opción, ¿no?

FECHA

¿A qué exnovia de él podrías dirigirte?

¿Qué te gustaría preguntarle?

¿Cómo podrías contactar con ella?

80

DÍA

La comunicación es el intercambio o la transmisión de información. Puede realizarse de manera verbal o no verbal, lo que significa que la ausencia de comunicación también es una forma de comunicación. El sociólogo Niklas Luhmann fue una de las primeras personas en definir el amor como una forma de comunicación, y lo hizo ya en (o, según se mire, no lo hizo hasta) los años sesenta del siglo XX. En el día 17 hablamos de una investigación suya en la que, sobre este tema, decía lo siguiente: «Con la categoría de medio de comunicación estamos dejando claro, al mismo tiempo, que en este contexto no abordamos el amor como un tipo concreto de sentimiento objetivamente constatable cuya presencia queramos identificar, cuyas causas deseemos hallar o cuya función nos dispongamos a analizar desde el punto de vista orgánico o psíquico».

Durante mucho tiempo, el amor fue el medio de comunicación entre tu ex y tú, así que ahora te resulta difícil encontrar nuevos canales. Necesitarás cierto tiempo para deshabituarte y, por desgracia, este proceso no se puede acelerar como nos gustaría. Se requiere mucho esfuerzo para volver a hablar pacíficamente con el ex cuando aún hay heridas y humillación de por medio, y cuando de repente habéis dejado de utilizar el mismo idioma. Hasta si no decimos ni escribimos nada, y a pesar de que sepamos que en la práctica no podemos en absoluto contar con una respuesta, sentimos que estamos fracasando. Somos como un robot aspirador con un sensor defectuoso que, incapaz de darse cuenta de que no puede seguir por un camino determinado, toma una y otra vez la misma dirección para acabar estrellándose contra la misma esquina. Hasta que, en un momento dado, se queda sin batería. También tu energía se agotará alguna vez, así que es mejor que cambies de dirección antes de que la luz roja se encienda.

En este caso, la comunicación ha terminado por ahora. En realidad, es posible que las cosas que no os dijisteis no tengan tanta importancia. Mejor, pregúntate esto: ¿seguirán siendo importantes dentro de una semana? ¿Seguirán siendo importantes dentro de un mes? ¿Seguirán siendo importantes dentro de un año?

FECHA

¿Dónde te gustaría estar dentro de una semana?

¿Y dentro de un mes?

¿Y dentro de un año?

¿Qué hitos te parecen alcanzables en los próximos doce meses? ¿Cuándo tendrías que llegar a cada uno de ellos?

EN. FEBR. MZO. ABR. MY. JUN. JUL. AG. SEPT. OCT. NOV. DIC.

EN. FEBR. MZO. ABR. MY. JUN. JUL. AG. SEPT. OCT. NOV. DIC.

EN. FEBR. MZO. ABR. MY. JUN. JUL. AG. SEPT. OCT. NOV. DIC.

Piensa en cambios en tu trabajo, en tu hogar, en tu círculo de amigos, en tu situación sentimental. Pero también en cosas que te sentarían bien: un viaje, una fiesta, un gesto de autocuidado que puedas realizar puntualmente o incluir en tu día a día...

81

DÍA

Cuando vivimos el duelo tras una ruptura, sentimos que el tiempo es nuestro enemigo. Algunos procesos van demasiado deprisa y otros, en cambio, avanzan demasiado despacio. Como si de repente el constructo «tiempo» hubiese perdido por completo la cabeza y se columpiase de un extremo a otro. Pero, en realidad, el tiempo y, sobre todo, la edad son nuestros aliados. Con esto no me refiero a tópicos tan increíblemente estúpidos como ese de que «el tiempo sana todas las heridas». Es posible que sí lo haga, pero el tejido cicatricial que queda después no es muy mono, que digamos.

En este sentido, el campo de la investigación sobre la felicidad es especialmente apasionante. La psicóloga Margie E. Lachman lleva mucho tiempo analizando qué es la felicidad, cómo se alcanza y, sobre todo, cómo se conserva. En varios de sus estudios incluye una especie de gráfico de la felicidad que confirma que somos más dichosos cuanto más mayores nos hacemos. La buena noticia, por tanto, es que esto solo puede ir hacia arriba. A partir de ahora, todo será cada vez mejor, seguro. Que esa curva se mantenga o no estable dependerá fundamentalmente de tu actitud: «Aun cuando no hayamos elegido una situación ni podamos cambiarla, tenemos el poder de decidir cómo reaccionar ante ella», asegura Lachman, que apoya su conclusión con cifras: «Un llamativo porcentaje de los participantes (en concreto, el 96%) nos explicaron que en sus momentos más bajos aprendieron sobremanera, y muchos de ellos habían logrado incluso cambiar el curso de la situación a su favor». Aquí es crucial sentir que tienes algo de control.

Si cambias la perspectiva sobre el pasado, volverás a tener una panorámica general. Podrás contemplarlo todo y preguntarte en qué momentos te has superado a ti misma.

FECHA

¿En qué aspectos eres más feliz hoy que hace un par de semanas?

Si pudieras hablarle a tu yo de hace cinco años, ¿qué le dirías?

82

DÍA

Hay dos factores que son especialmente relevantes para el curso de nuestras relaciones sentimentales: uno es el modo en que funcionó (o no funcionó) la relación de nuestros padres; el otro es cómo fue nuestro primer gran amor. Estos datos no son demasiado alentadores, porque la mayoría de nosotras crecimos en un hogar no exento de conflictos entre nuestros progenitores, con una distribución de papeles a menudo diferente de la actual, y nuestro primer gran amor fue... en fin, vamos a dejarlo... Varios estudios han demostrado que estos factores marcan profundamente nuestra elección de pareja y el desarrollo de nuestras relaciones, aunque no seamos conscientes de ello. Podemos rendirnos sin condiciones a esta conclusión o bien enfrentarnos a ella, armadas con unas cuantas preguntas.

La escritora Lisa Mayer ha analizado detenidamente quién o qué determina nuestra elección de pareja y ha diferenciado cuatro ejes. Basándose en los descubrimientos científicos más recientes, ha estudiado, en primer lugar, cómo decidimos a qué persona vamos a amar, y asegura que serán parejas con las que, en cierto modo, estemos familiarizadas porque en el pasado ya hayamos conocido a personas similares, como, por ejemplo, nuestro primer novio formal. Lo mismo ocurre con nuestro comportamiento: cuando amamos, nuestra actitud suele ser parecida a la que adoptamos en relaciones anteriores, porque eso nos permite movernos por territorio conocido y sentirnos más seguros. También desempeña un importante papel la imagen que tenemos de nosotros mismos: ¿nos gustamos o más bien no? Y por último: ¿cómo dejamos ir cuando la relación ha terminado?

Si analizas estos cuatro ejes en tu última relación y también en todas las anteriores, seguro que detectarás un modelo, una especie de patrón general de atracción que aplicas siempre o del que tratas de defenderte con uñas y dientes. Lo que ocurre a menudo cuando realizamos este ejercicio es que nos damos cuenta de que siempre hemos elegido al mismo tipo de hombre. El objetivo no es que la próxima vez escojas a alguien que sea justo el polo opuesto de todo aquello que hasta ahora no ha funcionado, sino más bien que seas consciente de cuál es el mecanismo y puedas hacer tus previsiones.

FECHA

Esto significa, sencillamente, que si tus duelos tras una ruptura siempre han transcurrido de una forma determinada, es más que probable que ahora repitas ese mismo patrón. También significa que tu dolor actual es previsible. Y que tendrá un final. Está pasando. Y eso es una buena noticia.

¿Qué tienen en común tu primer gran amor y tu último novio?

Si tuvieras que describir en cinco etapas tu patrón personal de duelo tras una ruptura amorosa, ¿cuáles serían?

¿En qué se parecen tus relaciones anteriores y la de tus padres? Si tu familia se ha reconstituido, incluye también las nuevas relaciones que hayan surgido en ella.

83

DÍA

Hace unos años, el periodista Peter Wagner escribió un libro realmente sorprendente. Durante largo tiempo recorrió toda Alemania preguntando a diferentes personas qué habían aprendido de la vida. En todos los casos, planteó estas tres preguntas: ¿qué has vivido? ¿Qué te ha enseñado todo ello? ¿Qué parte de esas enseñanzas podrías transmitir? En su investigación, por ejemplo, se encontró con una mujer que había perdido a su hijo y que le habló de cómo había gestionado aquel dolor desde entonces. Otra le explicó cómo, después de media vida conviviendo con una mujer, se enamoró de otra y al final perdió a las dos. Un hombre descubrió, al cabo de mucho tiempo, lo mucho que le había marcado la temprana muerte de sus padres. Una y otra vez se evidenciaba que la pérdida es el tema principal con el que lidia nuestra mente. Estas personas y otros protagonistas del libro de Peter Wagner *Wofür es gut ist* («Para qué sirve») vivieron diferentes reveses del destino —corresponde a cada cual juzgar si esos reveses fueron grandes o pequeños—, pero lo que tenían en común todas ellas es la conciencia de que sus vivencias habían servido para algo. De que sin las hendiduras que la vida abre, a veces con una despiadada hacha, a veces con un delicado bisturí, no estarían en el lugar en el que se encontraban. Y de que, por eso, el presente no es, a pesar de todos los pesares, un mal lugar.

La situación en la que te encuentras ahora no es fácil. En este libro hemos recordado en diversas ocasiones cómo los demás (la sociedad en general y las personas que nos rodean en particular) le restan importancia al dolor que sentimos tras una ruptura. Nunca lo repetiremos lo suficiente: es un error. Hay que tomarse un corazón roto tan en serio como una pierna rota. Y aunque no vayas por ahí con una escayola, tienes derecho al dolor, a la tristeza y a la rabia.

Sin embargo, hay algo en lo que puedes confiar: llegará el día en el que echarás la vista atrás y sabrás exactamente para qué ha servido todo esto.

FECHA

¿Hay ya algo en tu vida que haya mejorado gracias a la separación?

¿Cuánta distancia has tomado en este tiempo con respecto a tu relación rota?

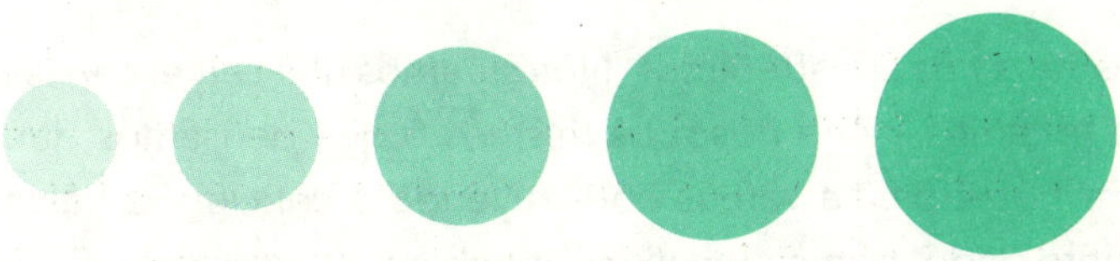

84

DÍA

Venga, hoy te voy a lanzar, ya desde el principio, una advertencia: lo que vas a leer en las siguientes líneas te va a dejar sin respiración. No lo vas a pasar bien. Pero te lo ruego, aguanta.

La enfermera de cuidados paliativos Bronnie Ware ha acompañado durante décadas a numerosos pacientes en sus últimos momentos y ha observado que en ellos siempre aparecen los cinco mismos pensamientos. Al final de sus vidas, todos se hacían alguno de los siguientes reproches:

1. «Ojalá hubiera tenido el valor de vivir mi propia vida.»
2. «Ojalá no hubiera trabajado tanto.»
3. «Ojalá hubiera tenido el valor de expresar mis sentimientos.»
4. «Ojalá hubiera conservado el contacto con mis amigos.»
5. «Ojalá me hubiera permitido ser más feliz».

La mayoría de nosotros nos constreñimos. Nos creamos una cárcel con las expectativas que tenemos sobre nosotros mismos o que pensamos que otros tienen sobre nosotros. La vamos construyendo a conciencia hasta que, en un momento dado, parece tan inexpugnable como Alcatraz. Pero es solo una apariencia. Siempre hay algún túnel por el que podemos alcanzar la libertad. No estamos obligados a nada. Y, desde luego, tampoco estamos obligados a permanecer en esa situación.

Evidentemente, no es que una mañana te puedas levantar diciendo: «Ea, a partir de hoy ya no sentiré ningún dolor por la ruptura. Y ahora voy a irme brincando alegremente hasta la cocina para prepararme un café». Si fuese tan sencillo, lo habrías hecho hace ya tiempo. Pero lo que tienes que preguntarte una y otra vez es lo siguiente: «¿De verdad quiero que todo se quede tal y como está hoy? ¿Quiero, cuando eche la vista atrás al final de mi vida, darme cuenta de todos los meses y los años que he pasado lamentando la pérdida de una persona?». Solo cuando te plantees estos interrogantes de vez en cuando podrás evolucionar y, poco a poco, te concederás permisos para salir de tu cárcel.

FECHA

¿Y esos putos grilletes? Tranquila, seguro que también te deshaces de ellos.

¿Qué cinco cosas te gustaría hacer antes de morir?

¿Qué tres cosas te gustaría hacer antes de volver a encontrarte con tu ex?

85

DÍA

Hay quien considera al escritor Alain de Botton uno de los filósofos más importantes de nuestro tiempo; otros, en cambio, tachan de mera charlatanería la síntesis tan llana y comprensible que este autor ha realizado acerca de los problemas actuales. Como no podía ser de otro modo, este último bando está formado en su mayoría por intelectuales, en concreto por hombres blancos de cierta edad que quieren mantener su posición dominante en el mundo de la cultura, temen perder su derecho exclusivo a interpretar la realidad y, en consecuencia, ven a De Botton (que tiene una edad parecida y también es blanco, pero además es muy humano) como alguien que pretende ensuciar la reputación de su gente.

De Botton ha estudiado en profundidad el amor y nuestro comportamiento en las relaciones. En su artículo «Why You Will Marry the Wrong Person («Por qué te casarás con la persona equivocada») ofrece un buen análisis acerca de la evolución del amor romántico desde antaño hasta hoy y propone instrucciones para establecer relaciones de igual a igual, tanto en parejas heterosexuales como en parejas homosexuales. Un ejemplo de sus sugerencias: «Una pregunta estándar que podemos hacerle al otro en una de nuestras primeras citas es: "Y tú, ¿cómo de loco estás?"». En inglés, suena aún más bonito y preciso: «*And how are you crazy?*».

Cada uno de nosotros es único, cada uno de nosotros es especial. Si ocultamos a los demás nuestras locuras, seremos infelices durante mucho tiempo. Si el otro nos oculta sus locuras, será infeliz. Cuanto mejor sepamos dónde están nuestras particularidades, mejor podremos formularlas, vivirlas y disfrutarlas.

FECHA

¿Cuáles son tus tres locuras principales?

¿Qué locuras ocultaste en tu última relación?

¿Qué locuras no quieres volver a esconder jamás?

¿Qué locuras de tu ex te resultaban absolutamente insoportables?

UN LIBRO QUE RECOMIENDO

En *La fatiga del amor*, Alain de Botton describe, en forma de novela, una relación larga y expone de un modo muy inteligente los problemas a los que se enfrentan las parejas en la sociedad *post millennium*, que son los mismos tanto para las personas que acaban de cumplir veinte años como para aquellas que están a punto de alcanzar los cincuenta. El mérito de De Botton es que no aporta una respuesta concreta. Corresponde al lector o a la lectora encontrarla a través de las preguntas, muy reflexionadas, que el autor plantea.

86

DÍA

Después de una separación, nuestra identidad queda completamente deshecha. El nosotros se convierte en un yo cuyos contornos aún no están bien perfilados. En la búsqueda desesperada de sostén y estructura, solemos pasar por alto que este proceso de construcción de la propia personalidad también es, en cierto modo, un nuevo nacimiento. Un nuevo nacimiento de la propia identidad. La verdad es que esto suena locamente esotérico, pero si se observan los comportamientos típicos tras una ruptura amorosa, como el cambio de peinado, la compra de ropa nueva o la transformación de los hábitos de ocio, más que esoterismo aquí veremos, como mínimo, una estrategia muy común de superación. Intentamos adaptar nuestro yo externo al yo interno, y lo mismo hacemos con nuestro entorno.

Volvamos ahora al día 43. ¿Qué ha pasado al final con sus cosas? ¿Ha venido a recogerlas? ¿Se las has mandado tú? ¿Siguen sus mierdas rondando por tu casa? Si es así, sácalas de ahí.

¿Y qué hay de tu casa? ¿Está descontaminada?

Puede que ya ni siquiera te percates de sus bártulos porque te has acostumbrado a que estén por ahí. Pero ha llegado el momento de que se vayan. Aquí continúa siendo válido el consejo que te di hace ya días: puedes mandarle sus cosas por correo. Eso no te convertirá en una peor persona. Aunque quizás te sientas preparada para dárselas en persona. Pues bien, te lo repito: no tienes por qué hacerlo.

Sin embargo, si, pese a todo, quieres dar el paso, intenta no ver a ese tío únicamente desde la perspectiva de una ex. Pregúntate qué impresión le causaría él a tu mejor amiga, a tu madre o a tu compañera de trabajo. Y esto no es una consigna cínica para conseguir que empieces a dejar de idealizarlo.

Es una prueba de realidad.

FECHA

¿Cuáles son tus expectativas con respecto al encuentro?

¿Te gustaría que él se diera cuenta de lo que se está perdiendo por dejarte escapar? SÍ NO

¿Te gustaría impresionarlo? SÍ NO

Aparte de sus bártulos, ¿te gustaría deshacerte de algo más? SÍ NO

¿Te gustaría que te echara de menos? SÍ NO

¿Te gustaría que se arrepintiera de algo? SÍ NO

¿Te gustaría reducir la distancia que mantienes con él? SÍ NO

¿Qué sería lo peor que podría pasar durante el encuentro?

87

DÍA

La soledad tiene muchas facetas que ya vimos en detalle los días 36 y 37. Además, cada ataque de soledad es diferente, pero la mayoría de ellos tienen algo en común: aparecen de repente de la nada. En cualquier caso, resultan especialmente angustiosos cuando estallan en momentos de intenso estrés, momentos en los que no tenemos tiempo para ocuparnos de esta maldita soledad, porque debemos hacer esto o aquello en el trabajo, andamos corriendo detrás de no sé qué y al mismo tiempo vamos a aprovechar para llamar a no sé quién. Entonces, ¿de dónde demonios viene este sentimiento justo ahora y por qué narices tienes que hacerlo todo siempre, siempre sola? ¿Por qué no hay nadie aquí que te eche una mano? ¿Por qué cada vez que las cosas se tuercen todos se esconden de repente, como el genio en su lámpara? ¿Por qué, por qué, por qué? Todo-esto-es-agotador.

Sí, lo es. Y si esperabas que te dijera que «nooo, las cosas no son así, esto solo son figuraciones tuyas», siento anunciarte que te voy a decepcionar, porque no lo haré. No son figuraciones tuyas. Es así. Para ti es así. La verdad es que, aun cuando alguien te asegure que no estás sola, eso no significa, ni mucho menos, que no puedas sentirse sola. Negar los sentimientos de los demás u ordenarles qué deben sentir es mezquino. Es como si un niño se cayera de un columpio, se hiciese mucho daño en la rodilla y su padre o su madre le dijeran: «¡Venga ya, no es para tanto! ¡Pero si eso no duele!». ¿PERDONA? ¿QUIÉN SE HA CAÍDO DEL COLUMPIO? ¿TÚ O YO?

Solo tú puedes determinar cuál es la intensidad de tus sentimientos y cómo los percibes. Y si en estos momentos sientes que siempre estás obligada a hacerlo todo sola, tienes todo el derecho del mundo a sentirse así. Y a pensar que esta situación es una mierda. Y cuando hayas respirado hondo y hayas dejado ir tu ira, te darás cuenta de que esa sensación va pasando y de que, probablemente, no estás tan sola. Pero, hasta entonces, siéntelo.

FECHA

¿Qué personas sientes que te han dejado en la estacada a lo largo de tu vida?

....

....

....

¿Te suena la frase «Si no lo hago yo, no lo hará nadie»? SÍ NO

¿Te cuesta parar a alguien por la calle para que te explique por dónde se va a algún sitio? SÍ NO

¿Prefieres escribir correos electrónicos a llamar por teléfono? SÍ NO

¿Te da una taquicardia solo de pensar en llamar a una consulta médica para pedir cita o en pedir una pizza por teléfono? SÍ NO

De niña, ¿eras «especialmente independiente»? SÍ NO

¿Tienes la sensación de que la gente espera de ti que lo hagas todo sola y de que te consideran una persona de fiar? SÍ NO

De ser así, ¿te molesta que te adjudiquen ese papel? SÍ NO

¿Te viene a la mente alguna persona concreta que te suela adjudicar ese papel? SÍ NO

88

DÍA

Salvo que se sea un bloque de hormigón, por lo general todos tratamos de mostrarnos más o menos amables con las demás personas. También con el ex, que, al fin y al cabo, no deja de ser una persona. Hasta Instagram nos lo recuerda de vez en cuando en sus *banners*: «*In a world where you can be anything, be kind*» («En un mundo en el que puedes ser lo que quieras, sé amable»). Resulta extraordinariamente ofensivo que le escribamos a alguien un cordial mensaje para aclarar una cuestión organizativa y el otro nos responda de cualquier manera. O que nos lo encontremos por casualidad, lo saludemos con cortesía y su respuesta sea una antipática inclinación de cabeza, una impasibilidad absoluta o una declaración de guerra. Hay pocas cosas peores que esa sensación de que te contesten con un empujón en cuanto has ganado un poco de terreno. Justo cuando empezabas a sentirte un poco más estable.

Un gesto así nos hace darnos cuenta de lo frágiles que seguimos siendo. De lo fina que es esa capa de protección en la que con tanto trabajo nos hemos envuelto. Una capa más bien estética, nada impermeable y transpirable. Ese rechazo a nuestras buenas intenciones es algo que se siente hasta físicamente. Nos estalla dentro del pecho con una violencia tan real como si nos hubieran lanzado una piedra. Como una colisión trasera que no podemos evitar.

Todos tenemos miedo. Nadie quiere que lo hieran y lo lastimen. Tú no quieres. Él tampoco. La convivencia entre humanos depende de la distancia que mantenemos con respecto a las cosas y, sobre todo, de cuánto permitimos que estas se acerquen. La vida sería más segura si guardásemos las distancias. Con respecto a nosotros, a los demás y a todos. Sin duda alguna, esto nos protegería. Pero también nos alejaría de todas las oportunidades, las posibilidades y la ilusión. La ecuación es simple: quien quiera enamorarse debe contar con el riesgo (¡el riesgo, no la total certeza!) de que le rompan el corazón.

Pero lo que no debemos tolerar es una reacción hiriente frente a una acción pacífica.

FECHA

La explicación es sencilla: si el eco que encuentras en tu ex es desproporcionado, probablemente se debe a que tiene miedo, dudas, una mala conciencia o un sentimiento de inseguridad, sin más. A fin de cuentas, él tampoco es un bloque de hormigón.

Puedes perdonarle que se comporte así, pero no debes aceptarlo sin rechistar. Lo has intentado por las buenas, pero no lo has conseguido. ¡Al infierno las buenas intenciones! Él podrá resistir que dejes de ser amable. Siempre y cuando te mantengas en una actitud neutra, no tendrás nada que reprocharte. Mejor guardar la amabilidad para otras personas. Lo fundamental, eso sí, es que no te vuelvas una persona dura. Sería una pena.

¿Cómo describirías la sensación física que provoca en ti un rechazo? ¿Cómo la sientes? ¿Dónde te duele?

Por qué las mujeres y los hombres no se ven obligados a dejar ir las mismas cosas

Hay muchas parejas rotas que, cuando echan la vista atrás, no se arrepienten de que su relación se desmoronara ni sienten haber perdido al otro; lo que lamentan más bien es haber dejado escapar su gran sueño: el sueño de fundar una familia, con o sin hijos. Todos nosotros tenemos expectativas, más vagas o más detalladas, acerca de nuestro futuro. Según nuestra edad, hacemos planes sobre nuestra trayectoria profesional, nos declaramos a favor o en contra de tener descendencia, reflexionamos acerca de si deberíamos aceptar un puesto de trabajo en el extranjero o si no sería mejor comprarse una casa propia.

Hasta quien no quiere tomar una decisión definitiva está decidiendo en cierta medida. ¿Pasará esto ahora o dentro de tres años? ¿O de ocho? Y, en general, ¿dónde quiero vivir? ¿Cómo quiero vivir? ¿Quiero una enorme mesa de madera en la que poder comer y dibujar con muchos niños alrededor? ¿O mejor una decoración minimalista que me permita organizar rápidamente una mudanza? El mundo tiene tantos lugares hermosos... ¿Quiero verlos todos?

Por mucho que nos empeñemos en quitarle importancia a este asunto, antes o (no muy) después toda mujer tiene que plantearse la gran pregunta: ¿quiere tener hijos o no? De hecho, en la mayoría de los casos incluso nos la plantean personas ajenas, familiares cotillas y otros idiotas por el estilo. La escritora Mareike Nieberding lo ha resumido de maravilla: «El problema no es preguntar por el asunto de los niños, sino la forma en la que se pregunta: o se plantea en un tono chistoso o no se plantea en absoluto. Es difícil responder con seriedad a un chiste. Y si no se formula la pregunta, tampoco se puede contestar. [...] Quien pregunta por los niños está preguntando también por el compañerismo, la igualdad, la tarea de la educación, el dinero. La pregunta sobre los niños es un enorme interrogante que, a veces, suscita respuestas dolorosas o da por sentado determinados intereses y la disposición a poner en duda un modelo de vida, a menudo considerado como natural».

En esta cuestión, como en muchas otras, los hombres y las mujeres van por caminos separados. El hecho de que ellas no sean fértiles eternamente las obliga a sopesar mucho antes si una relación puede ser duradera o no. Algunas sienten esa presión ya con veinte años; otras, en torno a los treinta y cinco, a más tardar. Un aspecto que suele callarse es que, cuanto más avanzada es la edad de la mujer, mayor es el riesgo que supone el embarazo para la salud del bebé y, sobre todo, para la de la madre. Pero tampoco el esperma permanece siempre fresco e inmaculado: con los años, también crece el riesgo de que aparezcan alteraciones genéticas. Que, en teoría, los hombres siempre puedan procrear no significa que su edad no tenga efectos sobre la salud del hijo. A partir de los cincuenta la calidad de los espermatozoides cae en picado, mientras que la probabilidad de que surjan problemas genéticos se multiplica. Sin embargo, nadie habla de ello. Para la sociedad, la reproducción es una cuestión femenina: son ellas las que deben facilitar un cuerpo para la fabricación, así que, por favor, procuren mantenerlo en un perfecto estado. Vaya, estupendo.

No es casualidad que en los hombres el deseo de tener una relación estable se despierte más tarde que en las mujeres. Se trata de un proceso social que se observa en todo el planeta. Es algo que se pone de manifiesto en los sondeos sobre el tema del matrimonio que realiza el Instituto Nacional de Estadística de Alemania: entre 1991 y 2018, la edad media de los hombres que se casaban pasó de 28,5 a 34,6 años. El problema es que también en el caso de las mujeres todo se ha retrasado. Nos casamos a una edad más avanzada que nuestros padres (de media, a los 32,1 años, en lugar de a los 26,1 años), tenemos hijos más tarde que ellos y también cambiamos con más frecuencia de trabajo y vivienda. Pero todo esto no es más que una «pseudoflexibilidad». Las mujeres saben de sobra que en algún momento deberán plantearse estas cosas seriamente. Tendrán que tomar una decisión, si es que la vida no la toma antes por ellas. Recurro aquí al ejemplo de la cuestión de los niños porque es muy ilustrativo: a menudo para las mujeres una separación no significa solo perder a un compañero, sino también perder y dejar ir un proyecto de vida. Y eso, desde el punto de vista existencial, entraña mucho más que el mero deseo de dos personas de tomar caminos diferentes; en realidad, es algo que hace temblar los cimientos sobre los que se ha construido un proyecto de vida. Si hace doce meses sabías decir dónde te veías en uno, cinco o diez años, hoy tendrías que volver a pensártelo todo. Con la dificultad añadida de que ahora hay demasiadas variables inciertas en este oráculo.

Pues bien, aquí estamos, sentadas en una nueva (o antigua) casa, solas, sin ni siquiera una zanahoria con la que animar al burro (nosotras) a esforzarse. Y no es solo que sintamos que tenemos que empezar desde cero. La verdad es que la experiencia es terrible. Sabemos perfectamente que reorganizar y remodelar nuestro proyecto personal de vida no solo implica pensar dónde colocar el sofá o por qué no vamos de una vez por todas a practicar surf a Portugal, sino también reflexionar sobre todo esto: ¿cuál es el siguiente paso que quiero dar? ¿Qué incluye o excluye ese paso? ¿Y si dentro de unos años me arrepiento de tomar esta decisión porque mi cuerpo o mi carrera ya no son compatibles con mis deseos? Un hombre no tiene que plantearse estas cuestiones con tanta urgencia (y con esto no estoy negando que también él pueda querer tener hijos, comprarse una casa o mantener una relación con una mujer hasta el final de sus días): en nuestra sociedad, un hombre puede, sencillamente, perder tan solo una persona y llorar su marcha. En cambio, una mujer suele ver cómo se le viene abajo todo un proyecto de vida, uno que, en principio, tiene una fecha específica de caducidad: la de la menopausia. Y eso pesa.

La feminista Margarete Stokowski sostiene: «Mantener las cosas requiere esfuerzo; cambiarlas, también». Con esta frase se refiere a la sociedad en general y al feminismo en particular, pero sus palabras son aplicables a muchas otras áreas de nuestra vida, incluidos el amor y el desamor. Orientarse en esta nueva situación requiere esfuerzo. Desprendernos del proyecto de vida que teníamos requiere esfuerzo. Tener que explicarles una y otra vez a los hombres por qué para nosotras la vida es diferente, por la posición que se nos asigna en la sociedad y por los acontecimientos que la biología ha previsto para nosotras, requiere esfuerzo. Pero los cambios traen consigo oportunidades. Aun cuando, en vista de las nuevas circunstancias, ahora mismo no sepas adónde te conducirá este viaje, puedes expresar tus deseos. Las mujeres nunca nos libraremos de nuestro reloj biológico. Tenemos que vivir con él. Pero eso no significa que debamos dejar que sean los demás quienes nos organicen la vida. Ya nos la organizamos nosotras solitas.

Y por terminar con palabras de Stokowski: «Nos seguirán diciendo que los propósitos que tenemos son desmesurados. Nos dirán que no es realista aspirar a tanto o que nunca habrá tanta libertad. ¡A la mierda, ahórrense estos discursos! Nadie sabe qué pasará de aquí a diez o cien años. Todas las luchas políticas le parecen poco realistas a quien carece de imaginación».

89

DÍA

«Nunca más volveré a enamorarme.» Seguro que esta frase suele salir de tus labios una o varias veces después de una separación, y es probable que la responsable de ello sea alguna que otra copa de vino. En el momento, esta idea te parece completamente lógica: ¿para qué enamorarse de nuevo, si eso solo trae consigo dolor y sufrimiento? Has necesitado mucho tiempo para volver a sentir suelo firme bajo tus pies y no quieres bajo ningún concepto renunciar a esa estabilidad.

Quien ha perdido personas, relaciones y vínculos ya no siente la más mínima gana de arriesgarse a sufrir otra pérdida. Porque quien ha vivido la pérdida en todas sus dolorosas manifestaciones sabe bien que puede volver a suceder. Sin embargo, a esa verdad le tenemos que añadir otra de inmediato: nada puede protegernos de una pérdida. Y, aun cuando con esa pérdida se hayan ido muchas cosas, siempre nos queda algo. Sea lo que sea. Cada relación y cada separación nos dejan algo.

No querer enamorarse de nuevo es una reacción normal. Pero no es buena. Por suerte, en la mayoría de los casos solo se mantiene durante un tiempo. No querer comprometerse con nadie es totalmente adecuado. Pero no hay nada que sea absoluto.

FECHA

¿Cómo de grande es tu miedo a que vuelvan a hacerte daño?

¿Qué tres experiencias te han resultado especialmente dolorosas?

90

DÍA

En 2016, los periodistas Hanah Anderson y Matt Daniels publicaron un análisis del porcentaje de intervenciones habladas de los personajes femeninos en las películas de Hollywood, incluidas las de Disney. Pues bien, resulta que la narrativa habitual de esas películas funciona sobre la base de un único principio: el príncipe salva a la princesa, el hombre salva a la mujer. Los autores demostraron que ellos siempre hablan más que ellas, pese a ese estúpido tópico generalizado que dice algo así como que «los hombres se expresan con una sola palabra, pero las mujeres necesitan un libro entero». Hasta cuando ellas eran las protagonistas, los hombres hablaban más: en *La sirenita*, a Ariel apenas le corresponde un treinta por ciento de las intervenciones, y en *Mulan* el dragón habla un cincuenta por ciento más que la propia Mulan.

En cuestiones de género, las cosas van muy despacio en Hollywood. Pero al menos los responsables de *Frozen* consiguieron un reparto de 57-43. Elsa, reina de las nieves, encarnó, por primera vez después de mucho tiempo, un papel protagonista en el cine al servicio de una narrativa muy diferente. Sin ánimo de hacer *spoiler*, te adelantaré solamente que ni en la primera entrega de este film ni tampoco en la segunda (estrenada en 2019) los hombres salvan a las mujeres. Ni las mujeres a los hombres... El principio del trabajo en equipo parece haber llegado también a Hollywood.

Las películas de dibujos animados nos pueden parecer tontas y pueriles, pero es innegable que son un fiel reflejo del espíritu de su tiempo. ¿Qué podemos aprender de Elsa? Busca en Google la letra de *Suéltalo*, de Frozen. Como mantra es perfecto. Te lo prometo.

Vale, resulta un tanto difícil subirse en el metro o en el autobús a las ocho de la mañana mientras lanzas rayos de hielo. Pero algunos días nos invade la agradable sensación de que esto de dejar ir está funcionando. Lentamente, pero está funcionando.

FECHA

¿En qué momentos concretos recientemente has tenido la sensación de que estabas consiguiendo dejar ir?

¿Cuáles de las siguientes preguntas te resultan molestas ahora?

- ○ «¿Estás mejor?»
- ○ «¿Te sigue doliendo verle?»
- ○ «¿Se ha puesto ya en contacto contigo?»
- ○ «¿Qué tal, disfrutando de tu libertad?»
- ○ «¿Lo has superado ya?»
- ○ «¿Tienes ya una nueva pareja?»

P. D.: La última pregunta parece continuar siendo especialmente relevante en nuestra sociedad, como si una estuviese incompleta como mujer por no tener a ningún tío a mano. Todo esto, lógicamente, es una estupidez. No glorificaré aquí la vida de soltera, que no siempre es fácil. Pero una puede sentirse de maravilla sin pareja. Dicho esto, también está bien querer compartir nuestra vida con otra persona. Ningún estilo de vida es mejor que otro, aun cuando los *baby boomers* nos lo sigan haciendo creer así a menudo. Tener una relación no es un triunfo frente a la soltería. Una relación no es más que una relación, y nuestra sociedad no debe dar más importancia ni considerar más adecuado a quien tenga pareja.

91

DÍA

En la Clasificación Internacional de Enfermedades (CIE-10) aparece, bajo el código F 43.8, un término terriblemente feo: trastorno de amargura postraumática. Con él se hace referencia a una enfermedad mental que surge como reacción a la experiencia de una enfermedad, una injusticia o una traición. La sensación de amargura va acompañada de otras alteraciones psíquicas, que incluso pueden llevar a quien las sufre a agredirse a sí mismo o a los demás. Quien acuñó este término y describió el cuadro correspondiente fue el neurólogo, psiquiatra, psicólogo y psicoterapeuta Michael Linden. En un primer momento, el trastorno de amargura postraumática fue objeto de burla; más adelante se aceptó, y hoy en día está plenamente asumido y se asocia a situaciones como las de los duelos tras una ruptura amorosa.

Ahora bien, ¿cómo podemos corregir nuestro rumbo para no llegar a este extremo? Según Linden, perdonando. Por desgracia, el perdón no es un estado emocional que se pueda controlar de inmediato; de lo contrario, lo habríamos hecho enseguida. Pero sí podemos empezar a controlarlo cuando sabemos cómo funciona el perdón desde el punto de vista psicológico. Por una parte, está el perdón basado en las emociones, que, dicho de un modo más concreto, es el que se produce cuando sentimos que no queremos que nuestra vida esté marcada por la rabia y las heridas. Por otra parte, está el perdón basado en la decisión, que se produce cuando queremos entender por qué nos sentimos heridos. La escritora Tina Soliman resume ambos de un modo muy preciso: «Con frecuencia, el perdón comienza con una decisión; en cualquier caso, se trata siempre de un proceso que es completamente independiente de la persona a la que vamos a perdonar. No es una oferta de paz que hacemos a quienes consideramos que han obrado mal: es una oferta de paz que nos hacemos en primer lugar a nosotros mismos».

Lo que está claro es que no quieres caer en el trastorno de amargura postraumática, lo cual no significa que puedas ni debas perdonar tan fácilmente. Las pruebas de imagen por resonancia magnética (IRM) muestran que, a la hora de perdonar, el cerebro tiene que hacer un duro trabajo. Y precisamente la zona cerebral que se activa con la tarea del perdón es la

FECHA

misma que procesa los dolores de todo tipo. Helen Fisher y Guy Winch nos han enseñado que durante el desamor pasamos por estados bastante agitados. Además, a las mujeres perdonar nos cuesta más que a los hombres. Así que si alguien viene y te suelta que tu mal de amores es una chorrada propia de una adolescente, no le digas ni una sola palabra: simplemente, viértele zumo de remolacha en la camiseta.

Tú irás soltando todo a tu propio ritmo. Punto pelota.

Según Soliman, hay dos preguntas concretas que nos ayudan a decidir si debemos o no perdonar a alguien:

¿La relación con esa persona es realmente importante para ti?

¿Cuál es el nivel de probabilidad de que esa persona vuelva a hacerte daño?

De entrada, tienes que perdonarte a ti misma por haber visto en alguien algo que, en realidad, no existe. No te preocupes, eso nos pasa a todos. Después de una ruptura sentimos un enorme deseo de control. Acuérdate del día 68. En cuanto aceptes que tu ex ya no desempeña ningún papel central en tu vida y que eres la única que tiene el poder de orientarla como desees, ese control volverá a ti de forma automática.

92

DÍA

Un juego muy popular que nos puede arrastrar fácilmente hasta la locura consiste en preguntarse «¿Qué habría pasado si...?». Si él no hubiera roto contigo. Si no os hubieseis conocido. Si aún estuvieses juntos. Si no hubieras hecho esto o aquello. Si no hubierais ido a ese destino de vacaciones. Si no hubieseis quedado en ese restaurante en el que la discusión se os fue de las manos. Si te hubieses decidido a llamarle. Si te hubiera llamado él. ¿Qué, te echa ya humo la cabeza? Una vez más nos encontramos con el repugnante imperfecto de subjuntivo, que no aporta nada, más allá de convertir tu vida en una fantástica ruleta.

Es normal plantearse estas preguntas desde cierta distancia. Pero no hallarás respuestas a ellas. Son castillos en el aire, construidos a base de meros pensamientos, y decorados por algún profesional del *feng shui*: parecen bonitos, pero nadie sabe a ciencia cierta si de verdad pasaría algo en caso de que el espejo no estuviese enfrente de la puerta.

La física describió hace ya décadas el efecto mariposa, un fenómeno de la dinámica no lineal que pone en evidencia la imprevisibilidad de los efectos que pueden producirse en un sistema en caso de que las condiciones iniciales experimenten minúsculos cambios. Este fenómeno toma su nombre de una pregunta: ¿puede el aleteo de una mariposa en Brasil provocar un tornado en Texas? Si aplicamos esa pregunta a tu estado actual, la respuesta, expresada del modo más simple, sería la siguiente: ni idea. Seguro que los resultados serían distintos si las cosas hubiesen sucedido de otra forma. Pero no puedes ir hacia atrás en el tiempo. Y, aun si el devenir de los acontecimientos hubiese seguido una cronología diferente, eso no significa que no hubieras llegado al mismo lugar.

Deja-ya-de-pensar-en-ello.

¡La pregunta «¿Qué habría pasado si...?» es mucho más divertida cuando la proyectamos hacia el futuro!

FECHA

¿Qué pasaría si...

... mañana dejaras tu trabajo?

... te mudaras?

... te ofreciesen un nuevo empleo?

... te marchases de vacaciones la semana que viene?

... hicieses una visita a tu familia?

... invitaras a tus amigos a cenar esta noche en tu casa?

... dejas todo lo que estás haciendo y te vas a practicar deporte?

... mañana dices en el trabajo que estás enferma y te pasas el día entero viendo series?

93

DÍA

Una separación es como una gran estantería nueva. De repente, tienes mucho más espacio para guardar tus viejos libros. Puedes plantearte si prefieres organizarlos por orden alfabético, por colores o por tamaños. Y seguro que, mientras los ordenas, encuentras un par de volúmenes que ya no necesitas o que no vas a volver a leer ni a consultar. *Cien recetas a base de carne picada*: ¡a la basura con él!

Durante una separación también reorganizamos todo, especialmente lo que nos rodea. Cada cual tiene unas expectativas diferentes con respecto a la confianza, en función de cuál sea su idea de cercanía entre dos personas. Y ahora no me estoy refiriendo a tu ex, sino, sobre todo, a tus amigos y a tu familia.

Sorprende lo a menudo que, en una situación de crisis, nos vemos obligados a separar el grano de la paja. De repente, nos desaparecen amigos que pensábamos que siempre estarían a nuestro lado, pero surgen otros que nos brindan todo su apoyo, nos escuchan pacientemente y nos acompañan mostrando una enorme comprensión. En este sentido, separarnos de una pareja y dejarla marchar supone también, en muchas ocasiones, hacer lo mismo con respecto a otras personas. Sin duda, eso es un dolor añadido. Toda nuestra vida cotidiana y las personas de las que nos rodeábamos se reorganizan. Algunas se van. O tienen que irse. O tenemos que hacer que se vayan. Es algo que nos entristece y nos da rabia, porque podemos sentirlo como una decepción. O también como una oportunidad.

No hace falta ningún título universitario para saber cuál de esas dos opciones es más sana. Claro que es importante que llores por haber perdido algo más que un ex, pero, al mismo tiempo, puedes alegrarte por haber descubierto quién se merece realmente tu confianza.

FECHA

Si echas la vista atrás, ¿quién ha resultado ser mejor amigo de lo que pensabas?

¿Qué le agradeces?

¿Quién te ha decepcionado profundamente?

¿Por qué?

¿Quién os ha tomado en serio a ti y a tus sentimientos?

¿Quién no os ha tomado en serio ni a ti ni a tus sentimientos?

94

DÍA

«En algún momento, las relaciones empiezan a desmoronarse, pero las separaciones siempre van a mejor, de año en año», sostiene la filósofa Michèle Binswanger. ¡Qué gran verdad! Llegará el momento en el que te alegres de que ese tío forme ya parte del pasado. De hecho, si pones todas tus separaciones en fila, siguiendo un orden cronológico, es más que probable que descubras que todas ellas tienen fundamentalmente una cosa en común: con cada una has ido creciendo. Un poco más cada vez.

Quien diga que los desamores son más fáciles a medida que nos hacemos mayores miente. O bien miente a los demás o bien se miente a sí mismo. El duelo tras una ruptura no es más sencillo ni menos doloroso con cada nuevo año que cumplimos en este mundo. Simplemente, lo afrontamos de un modo diferente, sabiendo que sobreviviremos a él. Sin embargo, al principio siempre tendremos la sensación de que el universo va a estallar. Y sentiremos daño. El desamor es como una película de terror: no queremos mirar a la pantalla, pero tampoco conseguimos apartar la vista de ella. Lo que, en cualquier caso, ayuda muchísimo es tener la certeza de que también en esta ocasión mejoraremos nuestra calidad de vida.

Poner límites es algo que estamos obligadas a aprender, con gran esfuerzo, a lo largo de toda nuestra vida. Los límites que dibujamos hace diez años tal vez ya se hayan borrado, pero, a cambio, han aparecido otros nuevos. El sociólogo Niklas Luhmann asegura que, «con este análisis de la delimitación, dibujamos los contornos de ese medio de comunicación tan especial que es el amor. El amor transmite los resultados de la selección según el conocimiento de sí mismo y la particular visión del mundo de otro u otros seres humanos». Dicho de un modo más conciso: en el futuro, sabrás reaccionar mucho antes, diciéndote «¡Esto no!» o, aún mejor, «¡Esto es justo lo que quiero!».

Te lo digo de todo corazón: este es un buen motivo para festejar. Saca el champán, porque ya ha llegado el momento: ¡brindemos por la nueva tú!

FECHA

Echando la vista atrás, ¿cuál dirías que ha sido la peor de tus rupturas?

¿Qué no tolerarás nunca más?

¿En qué tema no volverás a hacer concesiones?

¿Qué te has perdonado ya a ti misma?

¿Qué te queda aún por perdonarte?

¿Qué te hace especial ilusión a corto plazo?

95

DÍA

Seguirá habiendo días en los que te sientas peor que en otros. Tal vez esa sensación llegue de la nada, como una explosión; o tal vez se acerque lenta y sigilosamente. La opresión en el pecho, el corazón encogido, el dolor de cabeza... Todos estos síntomas te asedian y no parece que vayan a remitir. Quienes creen que cada cual es responsable de sus propios sentimientos tienen razón, pero solo en parte. Sí, podemos analizar por qué sentimos algo o qué ha provocado que se nos active una determinada sensación. Y sí, podemos reflexionar acerca de si queremos abandonarnos o no a una emoción. Sin embargo, eso no pondrá freno al impacto. Podemos tratar de distraernos. O desarrollar estrategias para enfrentarnos a un agujero de tristeza. A veces incluso podremos permanecer en el borde de ese agujero y mirar en su interior. Pero otras veces, directamente, nos caeremos en él.

Si los demás aseguran que siempre es posible dominarse, se están mintiendo a sí mismos. Su actitud dice más de su propio deseo de control que de la realidad en sí. En el dolor tras una separación, tropezamos con una cresta muy angosta: a un lado, está la ladera de la pérdida; al otro, el principio de un nuevo camino. Algunos días reuniremos fuerzas suficientes para partir; otros, sencillamente, no. Cuando nos abandonan, nos descubrimos de forma automática, aun cuando no lo queramos, en un papel de víctima. Y es del todo legítimo quedarnos así durante algún tiempo. Toda esta sandez de la autoeficacia nos empuja a creer que lo que nos pasa es solo que deberíamos esforzarnos un poco más, o nos hace sentirnos culpables por no abandonar nuestra posición de víctimas. Chorradas. Las heridas que hemos sufrido en el corazón y en el ego se tienen que tratar y curar. Solo cuando entendemos por qué nos sentimos desamparados podemos dejar ir. Comentarios del tipo «Ya deberías haberlo superado» duelen y añaden una presión más.

No tienes por qué hacer nada, y mucho menos permitir que los demás te expliquen qué se supone que te debes sentir. Cuando lleguen los días grises, déjalos estar. Pasarán. Te lo aseguro.

FECHA

¿Cuál ha sido el último día realmente difícil?

___ / ___ / ___

En ese día, ¿cuáles fueron tus tres sentimientos más palpables?

- ○ Soledad.
- ○ Desesperación.
- ○ Falta de concentración.
- ○ Inestabilidad.
- ○ Tristeza.
- ○ Desconcierto.
- ○ Vergüenza.
- ○ Miedo.
- ○ Rabia.
- ○ Celos.
- ○ Desconfianza.
- ○ Desamparo.

96

DÍA

La engañosa levedad del ser funciona de la siguiente manera: una mañana te levantas, tal vez con el sol ya bien alto; te sientes descansada, en forma, cargada de energía. ¿De dónde te viene esa fuerza? Da igual. Lo importante es que tu mente ya no está paralizada y que la tristeza, por fin, se ha marchado. Llena de dinamismo, preparas inmediatamente la lista de tareas para hoy: hacer la compra, ordenar la casa, montar de una vez por todas esa estantería de Ikea que lleva dos meses rodando por ahí, comprar una maceta nueva de albahaca para el alféizar, comer por una vez algo que no sea la porquería envasada que venden en la estación de servicio... Sin embargo, apenas dos horas más tarde, toda esa energía no es más que un pálido recuerdo que parece tan antiguo como esos palitos de pescado que te has dejado olvidados en el fondo del congelador y han acabado pegados a él. Te planteas entonces dos preguntas: ¿de dónde viene el dinamismo? ¿Y por qué desaparece?

La cronobiología —la disciplina científica que estudia nuestro reloj interno y, sobre todo, los factores que alteran su ritmo— ofrece una respuesta a estos interrogantes. En la mayoría de los casos, el origen es una combinación de falta de sueño y hormonas. El desfase horario, el cambio de hora, la menstruación: todos estos elementos ejercen una potente influencia en nuestro bienestar. Además, hay un dato científico realmente importante: las mujeres necesitan dormir más tiempo que los hombres. Sin embargo, el desamor actúa casi como un potenciador del *jet lag*...; por desgracia, para mal. Así pues, si te levantas por la mañana cargada de energía pero un par de horas después te sientes totalmente desganada, puede deberse a que has dormido mal. Y es probable que sea así porque sigues estresada por la pérdida. Seguro que en las últimas semanas te has sentido mejor, en general. Por eso te saca más de quicio que, cada vez que tienes la impresión de salir a flote, la realidad vuelva a ponerte en tu sitio. Claro que resulta frustrante, pero aquí no se trata de analizar cada sumando, sino la suma total. Y si haces balance de los pasados meses, estoy segura de que ese total es mayor.

FECHA

Esto significa que estás soltando todo. No puedes pensar que el duelo por la ruptura ya ha pasado porque en un día concreto te haya ido bien. Pero si de repente te sientes sin energía, tampoco debes pensar que tienes que empezar desde cero. Todo lo contrario: ahora es cuando el final está a la vuelta de la esquina.

¿Cómo es tu sueño en estos días?

- ○ Ligero.
- ○ Insuficiente.
- ○ Reparador.
- ○ Profundo.
- ○ Excesivo.
- ○ Intranquilo.

¿Cómo ha sido tu sueño en los tres últimos meses?

	1.er mes				2.º mes				3.er mes			
Profundo y de buena calidad												
De calidad media-buena												
De calidad media-mala												
Ligero y de mala calidad												

97

DÍA

La escritura como terapia lleva décadas utilizándose con éxito como una herramienta para procesar la pérdida y los traumas. Silke Heimes, terapeuta y verdadera eminencia en este terreno, asegura: «Escribir sirve para multitud de cosas: para reflexionar acerca de uno mismo, para conocer, para facilitar la toma de decisiones, para abordar problemas y para liberarnos de ciertas cuestiones».

Es obvio que no todo el mundo se siente cómodo escribiendo textos largos. Por eso, los ejercicios que propongo en este libro han sido, hasta ahora, muy concisos: resultan más sencillos y rápidos de hacer y permiten tratar temas muy concretos. Pero ahora vamos a probar a hacer algo diferente. Aunque creas que todavía no puedes encontrar las palabras adecuadas. O aunque te sientas terriblemente tonta al formular todos tus pensamientos de una vez. Cuesta mucho sentarse a escribir acerca de los sentimientos propios. Y ser totalmente sincera, ni te cuento. Lo bueno en este caso es que nadie más que tú va a leer tu texto.

Este es un ejercicio que harás solo para ti. Anotar sobre el papel, de forma estructurada y en frases completas, lo que quieres para ti, lo que quieres para tu ex, lo que te ha mortificado, lo que te ha resultado difícil y lo que te sigue corroyendo te hará muchísimo más fácil la tarea de dejar ir. Por muy bobo que te parezca ahora, inténtalo: siéntate y redacta una carta de despedida. Si así lo deseas, salda cuentas sin piedad con la persona que te ha causado tanto dolor.

FECHA

Querido ....:

98

DÍA

Las personas cambian. Tú, él, todo el mundo. Por suerte. Y, forzosamente, cambia también el concepto que tenemos de quienes nos rodean. Sería muy triste que todo permaneciera siempre igual. En las primeras páginas de este libro te pedí que elaborases una lista de las mierdas de tu ex. Espero que en su momento la fotografiaras y que, en los días amargos, la hayas utilizado a modo de recordatorio, para cerciorarte de todo aquello que no funcionaba entre vosotros.

Vuelve ahora al día 2 y comprueba qué elementos de esa lista siguen siendo válidos. Estoy bastante segura de que desde vuestra ruptura se han acumulado algunas cosas más. Otras, en cambio, tal vez hayan dejado de tener sentido o se correspondan con una falsa percepción tuya.

Porque esa lista no es un acta que dé fe de lo increíblemente mal tipo que era tu ex. No se trata de menospreciar a nadie para que tú te sientas mejor. Pero seguro que la distancia te permite ahora corregir el inventario de sus mierdas. Ya sabes cómo funciona esto: escribe, hazle una fotografía y, en caso de duda, saca el listado y reléelo.

FECHA

LA LISTA DE SUS MIERDAS: VERSIÓN REVISADA

99

DÍA

La escritora Theresa Lachner sostiene que «quien se desprende de todo tiene las dos manos libres». Si existiera alguna guía fiable sobre cómo dejar ir, seguro que todos nos compraríamos un ejemplar de ella. O, por lo menos, nos abonaríamos a la aplicación correspondiente. Costase lo que costase. Cualquier herramienta que nos prometa ayudarnos a soltar de forma rápida y eficiente nos vale. Pero dejar ir, como ya habrás comprendido, es un proceso individual. Hay quien, sencillamente, extiende la mano de golpe, suelta todo, quema la tierra que queda detrás y nunca más se gira para mirarla. Otros van abriendo los dedos con mucho esfuerzo, a un ritmo de un milímetro al día, sostienen los recuerdos en la palma de la mano, como si fuesen preciados granos de arena, y los dejan partir muy lentamente. Unos y otros actúan de forma correcta. No hay una actitud equivocada en este sentido. Theresa Lachner tiene toda la razón. Solo cuando tenemos las manos libres podemos atrapar lo nuevo: nuevos cuerpos, nuevos corazones, nuevas ideas.

El desamor saca lo peor de nosotros. Cuando miramos hacia atrás, a menudo vemos actos y comportamientos que no nos gustan. Podría haberme ahorrado ese mensaje de WhatsApp. Y también esa llamada de aquel sábado por la noche en el que me había tomado cinco cócteles de vodka. Es cierto. Pero en aquel momento las cosas tuvieron que pasar así. Es una estupidez juzgarse aquí y ahora por lo que sucedió entonces o avergonzarse de ello. En cualquier caso, ten en cuenta que, durante el duelo por una ruptura, la vergüenza es una sensación recurrente y tan inútil como un forro polar de poliéster en pleno verano: da demasiado calor y empieza pronto a apestar.

El amor no sabe lo que es el orgullo. Solo le interesa lo que ocurre hoy. Y entender lo que ocurrió entonces. Pero lo que ocurre hoy y lo que ocurrió entonces depende en buena medida de los ojos de quien mira. Y en una ruptura, además, hay dos observadores y cuatro ojos, así que tu cerebro hace ¡cataplof!

Hace décadas, la escritora Anaïs Nin nos dejó estas palabras: «No vemos las cosas tal cual son, las vemos tal cual somos». Y en el desamor somos una

FECHA

versión (bastante contradictoria) de las muchas que existen de nosotras mismas. Pero solo así podemos descubrir todos los rincones de nuestro abismo. Y también nuestra paleta de sentimientos. Por eso, el dolor tras una ruptura no solo saca lo peor de nosotros, todo nuestro odio, nuestra rabia, nuestra ira y nuestro miedo, sino también lo mejor: nuestra capacidad para reinventarnos, nuestra ilusión ante el nuevo camino, nuestra energía y nuestra creatividad. Las rupturas no son una nimiedad. Solo quien supera esas aventuras puede lanzarse a vivir aventuras aún mayores.

Y tu nueva aventura empezó hace ya tiempo.

¡Uy! ¿Cómo se llamaba él? ¿Te acuerdas?

¿Qué día es hoy?

____ / ____ / ____

99 DÍAS SUPERADOS: UN RESUMEN DE LO VIVIDO

Espero que hayas metido en la nevera alguna botella de champán para este día. Hay algo que celebrar: tú. Porque tú eres ESA PERSONA que ha conseguido llegar hasta aquí. Tal vez no todo esté bien todavía, tal vez haya por ahí algo que aún se tambalea. Pero estoy segura de que ya no eres la misma que eras hace tres meses. Vamos a hacer un último resumen.

¿Cómo está todo ahora?

¿Cómo ha evolucionado tu espionaje cibernético en estos últimos treinta y tres días? Represéntalo en forma de gráfica:

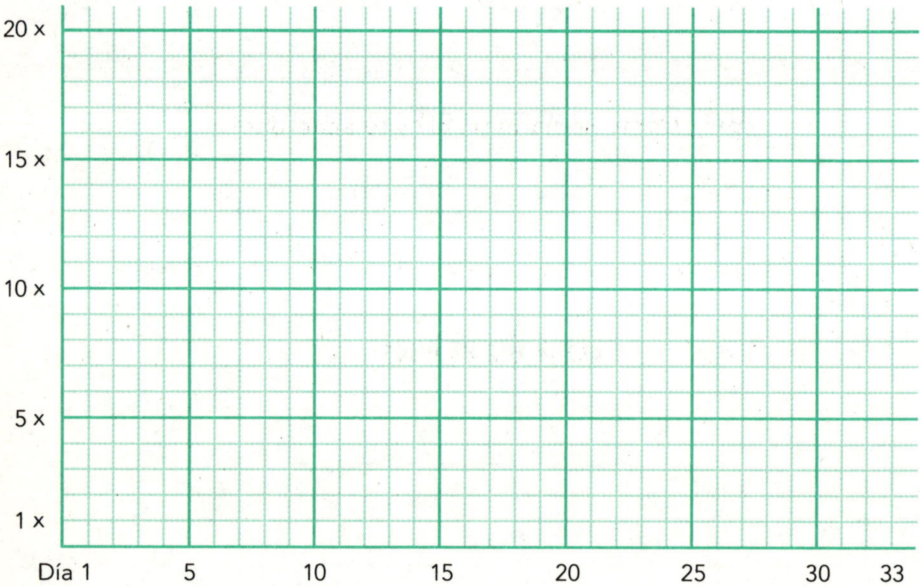

¿Qué cosas has comprendido?

¿Qué cosas sigues sin comprender?

¿Qué ha ido mejor de lo que esperabas?

¿Qué ha ido fatal?

¿Qué has aprendido?

¿Qué estupideces ha hecho él desde que os separasteis?

¿Qué estupideces has hecho tú desde que os separasteis?

99 DÍAS SUPERADOS: UN RESUMEN DE LO VIVIDO

Me gustaría volver a verlo pronto. SÍ NO

Me gustaría decirle algo urgentemente. SÍ NO

Me gustaría volver a acostarme con él. SÍ NO

Me gustaría explicarle algo. SÍ NO

Me gustaría que volviera. SÍ NO

.... SÍ NO

¿De qué te sientes orgullosa?

....

....

....

....

....

¿Cuáles son los tres adjetivos que mejor te describen hoy?

¿Qué es lo más bonito que te ha pasado desde la ruptura?

EPÍLOGO

El amor es algo muy extraño. Nada de lo que se dice de él en las novelas, en el cine o en la música y nada de lo que ha descubierto sobre él la ciencia se ajusta a lo que provoca en nosotros cuando lo sentimos. Lo mismo puede afirmarse del dolor que nos invade cuando este sentimiento nos abandona. Porque, desde luego, ese dolor no es una emoción insignificante que podamos despachar de un plumazo, hacer desaparecer con un poco de buena voluntad. Al mal de amores le da igual que tengamos dieciocho u ochenta y un años. A igual corazón, igual sufrimiento. Las personas que lo padecen necesitan que les mostremos empatía. Y nosotros necesitamos que los demás muestren empatía ante nuestro dolor, para evitar que nos consuma. Cuando estamos juntos, estamos un poco menos solos.

En este libro he querido no solo proporcionar datos sociológicos, psicológicos y médicos, sino también analizar la diferencia que existe entre hombres y mujeres en nuestra sociedad. Sería maravilloso vivir en un mundo en el que a las mujeres no se les dijese cómo deben amar y sufrir, y tampoco a los hombres. En realidad, nadie debería sufrir. Y si alguien lo hace, deberíamos ofrecerle nuestro apoyo, independientemente de su sexo. Al fin y al cabo, todos somos seres humanos, una especie cuyos miembros están llamados a cuidarse mutuamente, porque sin esa empatía nada cambiará en este planeta. Es cierto que en un montón de aspectos hemos avanzado mucho, pero en otros no hemos ganado tanto terreno. De hecho, en algunos ámbitos, más que evolucionar, involucionamos. Aún queda mucho por hacer. Sobre todo, muchas cosas que solo lograremos si estamos unidos. Nuestro futuro depende de que nos decidamos a considerar juntos estos temas. Y también de que tratemos bien a quienes ahora lo están pasando mal.

ESPARCE EL AMOR.

BIBLIOGRAFÍA

INTRODUCCIÓN

Palmer, Amanda, *The ride*, © música y letra de Amanda Palmer.

FIBEL, *Substanz*, © letra de Pentzek, Jonas; música de Borger, Dennis, Noah Fürbringer, Lukas Brehm y Jonas Pentzek; contacto: Lucas Pentzek Musikmanagement.

RECORDAR

Día 2

Winch, Guy, *How to fix a broken heart*, TED2017, <https://www.ted.com/talks/guy_winch_how_to_fix_a_broken_heart> (trad. cast. de Motter, Paula: *Cómo superar una ruptura amorosa*, TED2017, <https://www.ted.com/talks/guy_winch_how_to_fix_a_broken_heart?language=es>).

Día 4

Palmer, Amanda, *The Art of Asking. How I learned to stop worrying and let people help*, Piatkus, Londres, 2014 (trad. cast. de Usandizaga, Guillem: *El arte de pedir: lo que he aprendido sobre dar, aceptar y no sufrir*, Turner Publicaciones S. L., Madrid, 2015).

¿Cuántas copas se habrá bebido ya él? Hillin, Taryn, «Why breakups hurt more for women», *Splinter News*, 3 de agosto de 2015.

Morris, Craig Eric, Chris Reiber y Emily Roman, «Quantitative sex differences in response to the dissolution of a romantic relationship», *Evolutionary Behavioral Sciences*, 9(4), 2005, págs. 270-282.

Stokowski, Margarete, «Selbstentzündende Büstenhalter», *DER SPIEGEL*, 12 de noviembre de 2015.

Día 6

Meyer, Thomas, *Trennt euch!*, Diogenes, Zúrich, 2018, pág. 48.

Día 7

Deckert, Sarah Maria, «Feminismus ist beängstigend», *Cicero*, 22 de junio de 2015.

Día 8

Egger, Pepe, «Wir können ja nicht überall perfekt sein», entrevista a Greta Wagner, *Der Freitag*, 26, 2018.

Día 9

Dewall, C. N., *et al.*, «Acetaminophen reduces social pain. Behavioral and neural evidence», *Epub*, 14 de junio de 2010.

Eisenberger, Naomi I., Matthew D. Lieberman y Kipling D. Williams, «Does rejection hurt? An FMRI study of social exclusion», *Science*, 302, 2003, págs. 290-292.

Gillmeister, Sebastian, «Sozialer Schmerz. Warum Liebeskummer so weh tut», *Deutsches Ärzteblatt*, 1, 2018.

Día 10

Fisher, Helen, *The brain in love*, TED2008, <https://www.ted.com/talks/helen_fisher_the_brain_in_ love > (trad. cast. de Fiallo de Taule, Jethel: *Helen Fischer estudia el cerebro enamorado*, https://www.ted.com/talks/helen_fisher_the_brain_in_love?language=es).

Hausen, Johannes, «Wissenschaftlich erklärt, warum Liebeskummer uns so weh tut», *Vice*, 30 de agosto de 2016.

Schmid, Nicola, «Der Wert eines gebrochenen Herzens», *Süddeutsche Zeitung*, 6 de julio de 2011.

Día 12

Manivannan, Karthiga, «Wut ist ein wertvolles Gefühl», entrevista a Almut Schmale-Riedel, *Psychologie bringt dich weiter*, 7 de noviembre de 2018.

Rauschenberger, Pia, «Die Wut der Frauen», *Deutschlandfunk Kultur*, 7 de febrero de 2019.

Rytina, Susanne, «Der Ärger muss raus – aber richtig», *DER SPIEGEL*, 2 de diciembre de 2014.

Día 14

Illouz, Eva, *Why Love Hurts: A Sociological Explanation*, Polity, Cambridge, 2012 (trad. cast. de Rodil, María Victoria: *Por qué duele el amor. Una explicación sociológica*, Katz Editores, Buenos Aires, 2012, aunque la traducción del fragmento aquí citado es propia).

Lachner, Theresa, *Lvstprinzip*, Blumenbar, Berlín, 2019, pág. 235.

Día 15

Katus, Hugo A., Benjamin Meder y Ioana Barb, «Broken Heart. Wenn Frauenherzen brechen», *Ruperto Carola Forschungsmagazin*, 10, 2017, págs. 67-73.

No te pongas así...

Botzenhardt, Tilmann, y Bertram Weiss, «Der tiefste Schmerz», entrevista a Günter H. Seidler, *GEO Wissen*, 58, 2016, págs. 74 y s.

Día 17

Krichmayr, Karin, «Die Liebe ist ein seltsamer Code», *Der Standard*, 21 de marzo de 2018.

Día 18

Schweda, Ellen, «HaptikForscher: „Ohne Berührungen können wir nicht leben"», entrevista a Martin Grunwald, *mdr Kultur*, 19 de junio de 2019.

Zeh, Jana, «Wie viele Umarmungen braucht man am Tag?», *n-tv*, 13 de febrero de 2018.

Día 19

Andersson, Lena, *Widerrechtliche Inbesitznahme*, btb, Múnich, 2017, pág. 219 (trad. cast. de Lexell, Martín, y Elda García-Posada: *Apropiación indebida*, Alfaguara, Barcelona, 2015).

Día 20

So, Chaehan, «Mensch, was für ein Irrtum!», *DER SPIEGEL*, 6 de junio de 2012.

Día 21

Botzenhardt, Tilman, y Maria Kirady, «Warum verliebe ich mich immer in den Falschen», *GEO Wissen*, 58, 2016, pág. 97.

Stahl, Stefanie, *Jeder ist beziehungsfähig. Der goldene Weg zwischen Freiheit und Nähe. Mit dem Konzept von „Das Kind in dir muss Heimat finden" zu einer erfüllten Partnerschaft*, Kailash, Múnich, 2017.

Strauß, Bernhard, y Henning Schauenburg (eds.), *Bindung in Psychologie und Medizin. Grundlagen, Klinik und Forschung. Ein Handbuch*, W. Kohlhammer, Vaihingen (Stuttgart), 2016.

Día 22

Botzenhardt, Tilman, y Stefanie Maeck, «Was Paare zusammenhält», *GEO Wissen*, 58, 2016, pág. 69.

Hasler, Siegfried, «Junge Frauen streiten am häufigsten und am längsten», *Augsburger Allgemeine*, 22 de enero de 2015.

Día 23

Holzberg, Oskar, *Schlüsselsätze der Liebe*, DuMont, Colonia, 2016, págs. 28 y s.

Día 24

Weßling, Kathrin, *Super, und dir?*, Ullstein, Berlín, 2018, págs. 189 y s.

Día 25

Hauser, C. J., «The Crane Wife», *The Paris Review*, 16 de julio de 2019.

Él solo no puede
Haaf, Meredith, «Rette mich, Baby», *Süddeutsche Zeitung*, 8 de junio de 2019.

Redacción, «Deshalb ist eine starke Frau die (einzige?) Rettung für einen unreifen Mann», *miss.at*, <https://www.miss.at/deshalb-ist-eine-starke-frau-die-einzige-rettung-fuer-einen-unreifen-mann/>.

Día 26

Bodenmann, Guy, *Resilienz in der Partnerschaft*, Universidad de Zúrich, 21 de agosto de 2018.

Lenzen, Manuela, «Resilienz lässt sich lernen», *Psychologie heute*, 13 de diciembre de 2017.

Día 27

Jankovska, Bianca, *Das Millennial-Manifest*, Rowohlt, Reinbek, 2018, págs. 21 y s.

Día 28

Matthey, Juliane, «Trennung im Freundeskreis – Wie geht man damit um?», *DIE WELT*, 21 de octubre de 2016.

Día 29

Blümner, Heike, y Laura Ewert, *Schluss jetzt. Von der Freiheit sich zu trennen*, Hanser, Múnich, 2019, pág. 9.

Botzenhardt, Tilman, y Stefanie Maeck, «Was Paare zusammenhält», *GEO Wissen*, 58, 2016, pág. 69.

Perel, Esther, *The secret to desire in a long-term relationship*, TED2013, <https://www.ted.com/talks/esther_perel_the_secret_to_desire_in_a_long_term_relationship/ (trad. cast. de Mondragón, Ileana, *El secreto del deseo en una relación de largo plazo*, <https://www.ted.com/talks/esther_perel_the_secret_to_desire_in_a_long_term_relationship?language=es>).

Prosinger, Annete, «Risiko Ehe», *DIE WELT*, 31 de julio de 2013.

Día 30

Eube, Anna, «So viel Sex pro Woche ist in Ihrem Alter normal», *DIE WELT*, 22 de noviembre de 2016.

Perel, Esther, *The secret to desire in a long-term relationship*, TED2013, https://www.ted.com/talks/esther_perel_the_secret_to_desire_in_a_long_term_relationship/ (trad. cast. de Mondragón, Ileana, *El secreto del deseo en una relación de largo plazo*, https://www.ted.com/talks/esther_perel_the_secret_to_desire_in_a_long_term_relationship?language=es, aunque la traducción del fragmento aquí citado es propia).

Día 31

Holzberg, Oskar, *Schlüsselsätze der Liebe*, DuMont, Colonia, 2016, pág. 127.

Día 32

Meyer, Thomas, *Trennt euch!*, Diogenes, Zúrich, 2018, pág. 48.

Windmüller, Gunda, *Weiblich, ledig, jung – sucht nicht. Eine Streitschrift*, Rowohlt, Reinbek, 2019, págs. 45 y s.

Día 33

Herrmann, Sebastian, *Gefühlte Wahrheit. Wie Emotionen unser Weltbild formen*, Aufbau, Berlín, 2019, págs. 21 y s.

Un resumen de lo vivido
Andersson, Lena, *Widerrechtliche Inbesitznahme*, btb, Múnich, 2017, pág. 219 (trad. cast. de Lexell, Martín, y Elda García-Posada: *Apropiación indebida*, Alfaguara, Barcelona, 2015).

COMPENSAR

Día 34

LifePR, «Frauen und Männer weinen anders. Emotionale Tränen bleiben ein Rätsel», *Der Ophthalmologe*, 106, 2009, págs. 593-602.

Peters, Maren, «Tränen sind nicht gleich Tränen», *DIE WELT*, 31 de octubre de 2008.

Día 35

Wilhelm, Klaus, «Rache ist allgegenwärtig», *Psychologie heute*, 12, 2018, pág. 46.

Día 36

Goebel, Joey, *Torture the Artist*, MacAdam/Cage, San Francisco, 2004 (trad. cast. de Rosa, Isaac: *El artista torturado*, Ediciones Martínez Roca, S. A., Madrid, 2007).

Langeslag, Sandra J., y Michelle E. Sanchez, «Downregulation of love feelings after a romantic breakup. Selfreport and electrophysiological data», *Journal of Experimental Psychology General*, 147(5), mayo de 2018, págs. 720-733.

Día 37

Holt-Lunstad, Julianne, «So lonely I could die», *American Psychological Association*, 5 de agosto de 2017.

Rützel, Anja, *Lieber allein als gar keine Freunde*, Fischer, Fráncfort del Meno, 2018, pág. 72.

Día 40

Fleckenstein, Kim, «Die AntiLiebeskummer-Übung. So lassen Sie die negativen Gefühle hinter sich», *Focus*, 22 de marzo de 2018.

Nier, Hedda, «Die beliebtesten Yoga und Meditationsapps weltweit», *Statista*, 20 de junio de 2019.

Von Rutenberg, Jürgen, «Buddha to go», *ZEITmagazin*, 9, 2018.

Día 41

Hecht, Werner, *et al.* (eds.), *Bertolt Brecht. Werke. Große kommentierte Berliner und Frankfurter Ausgabe*, vol. 26, Suhrkamp, Fráncfort del Meno, 1994, pág. 414.

Día 42

eharmony, *Happiness index. Love and relationship in America. 2019 report*, <https://www.eharmonyhappinessindex.com>.

Día 46

Hauschild, Jana, «Der Tristesse entgehen», *Psychologie heute*, 12, 2018, págs. 64 y s.

Día 47

Webb, James T., *et al.*, *Misdiagnosis and dual diagnoses of gifted children and adults. ADHD, bipolar, OCD, Asperger's, depression, and other disorders*, Great Potential Press, Scottsdale (Arizona), 2005.

Día 48

Von Saldern, Nadja, *Glücklich getrennt. Wie wir achtsam miteinander umgehen, wenn die Liebe endet*, Ullstein, Berlín, 2018, págs. 125 y s.

Día 50

Berndt, Marcel, «Wenn Wut die Leistung steigert», *Wirtschaftswoche*, 25 de agosto de 2014.

Compra con alegría

ElitePartner, *ElitePartner-Studie 2019. So liebt Deutschland*, 6 de mayo de 2019, <https://www.elitepartner.de/newsroom/#/documents/elitepartnerstudie2019soliebt-deutschland87822>.

Eube, Anna, «Warum Frauen Shopping lieben – und Männer nicht», *DIE WELT*, 18 de marzo de 2017.

Gallagher, Catherine, *et al.*, «"I fear, therefore, I shop!" Exploring anxiety sensitivity in relation to compulsive buying», *Personality and Individual Differences*, 104, 2017, págs. 37-42.

Müller, Astrid, *et al.*, «Pathological buying screener: Development and psychometric properties of a new screening instrument for the assessment of pathological buying symptoms», *PLOS ONE*, 21 de octubre de 2015.

Redacción, «Männer, Frauen und Einkaufen – Auch hier ist nichts mehr wie früher», *Nielsen*, 14 de marzo de 2014.

Perschau, Alexandra, y Nugget Market Research & Consulting, por encargo de Greenpeace, *Usage & Attitude „Selbstreflexion Modekonsum" Ergebnisbericht*, 1 de marzo de 2017, <https://www.greenpeace.de/sites/www.greenpeace.de/files/publications/20170309_greenpeace_nuggets_umfrage_selbstreflektion_mode.pdf>.

Día 52

«Belief Perseverance», <http://psychology.iresearchnet.com/social-psychology/social-cognition/belief-perseverance/>.

Día 53

Illouz, Eva, *Why Love Hurts: A Sociological Explanation*, Polity, Cambridge, 2012 (trad. cast. de Rodil, María Victoria: *Por qué duele el amor. Una explicación sociológica*, Katz Editores, Buenos Aires, 2012).

Día 54

Kuhn, Phyllis, «Die Magie der Umarmung – und wie viele wir zum Überleben brauchen», *Praxisvita*, 2 de noviembre de 2016.

Stein, Annett, «Die dunklen Seiten des Kuschelhormons Oxytocin», *DIE WELT*, 20 de julio de 2014.

Día 55

Penny, Laurie, *Bitch Doctrine: Essays for Dissenting Adults*, Bloomsbury, Londres, 2017.

Día 56

Erdmann, Benno, (ed.), Immanuel Kant, *Kritik der reinen Vernunft*, Leopold Voss, Leipzig, 1878, págs. 33 y s. (trad. cast. de Ribas, Pedro: *Crítica de la razón pura*, Taurus, Barcelona, 2013).

Día 57

Budde, Henning, y Mitko Wegner (eds.), *The exercise effect on mental health. Neurobiological mechanisms*, Routeledge, Nueva York, 2018.

Müller, Thomas, «Sport hilft so gut wie Antidepressivum», *Deutsche Ärztezeitung*, 3 de diciembre de 2013.

Día 58

ElitePartner, *ElitePartner-Studie 2019. So liebt Deutschland*, 6 de mayo de 2019, <https://www.elitepartner.de/newsroom/#/documents/elitepartnerstudie2019soliebt-deutschland87822>.

Día 59

ElitePartner, *ElitePartner-Studie 2019. So liebt Deutschland*, 6 de mayo de 2019, <https://www.elitepartner.de/newsroom/#/documents/elitepartnerstudie2019soliebt-deutschland87822>.

Día 60

Fisher, Helen, *Why We Love: The Nature and Chemistry of Romantic Love*, Henry Holt and Co., Nueva York, 2004 (trad. cast. de Gordo del Rey, Victoria, *Por qué amamos*, Taurus, Barcelona, 2005).

Día 61

Fisher, Helen, *Why We Love: The Nature and Chemistry of Romantic Love*, Henry Holt and Co., Nueva York, 2004 (trad. cast. de Gordo del Rey, Victoria, *Por qué amamos*, Barcelona, Taurus, 2005).

Hatfield, Elaine, y Richard L. Rapson, *Love and Sex. Cross-Cultural Perspectives*, University Press of America, Lanham (Maryland), 2005.

¿Una tarrina extragrande de helado? ¡Sin problema!
Kröller, Katja, *Mütterliche Steuerung in der Essenssituation*, tesis doctoral de la Universidad de Potsdam, 2009, <http://opus.kobv.de/ubp/volltexte/2009/3368/>.

Otto, Anne, «Vorsicht, Trostessen!», *DER SPIEGEL*, 30 de agosto de 2019.

Otto, Anne, «Wie Sie Kummerspeck vermeiden», *DER SPIEGEL*, 12 de agosto de 2019.

Zittlau, Jörg, «Was das Essverhalten über den Charakter verrät», *DIE WELT*, 27 de mayo de 2010.

Día 62

Lachner, Theresa, *Lvstprinzip*, Blumenbar, Berlín, 2019, págs. 206 y s.

Día 64

Penny, Laurie, *Bitch Doctrine: Essays for Dissenting Adults*, Bloomsbury, Londres, 2017.

Día 65

Haaf, Meredith, *Heult doch. Über eine Generation und ihre Luxusprobleme*, Piper, Múnich, 2011, pág. 149 (trad. cast. de Pron, Patricio: *Dejad de lloriquear: sobre una generación y sus problemas superfluos*, Ediciones Alpha Decay S. A., Barcelona, 2012).

Wiese, Tim, «Wer Wut unterdrückt, kann depressiv werden», *Deutschlandfunk Kultur*, 16 de mayo de 2019.

SOLTAR

Día 67

Schäfer, Anette, «Immer alles sofort», *Psychologie heute*, 12, 2018, pág. 34.

Día 71

Mayer, Lisa, «Ich hasse das Wort loslassen», entrevista a Johanna Müller-Ebert, *Psychologie heute*, 12, 2018, págs. 27 y s.

Tabensky, Pedro, «Richtig leiden – aber wie?», en Leo Bormans (ed.), *Glück. The new world book of happiness*, DuMont, Colonia, 2017, págs. 242-245.

Día 72

Kreta, Sebstian, y Bertram Weiss, «Kopf oder Bauch», *GEO Wissen*, 64, 2019, págs. 29 y s.

Día 73

Illouz, Eva, *Why Love Hurts: A Sociological Explanation*, Polity, Cambridge, 2012 (trad. cast. de Rodil, María Victoria: *Por qué duele el amor. Una explicación sociológica*, Katz Editores, Buenos Aires, 2012).

Infinitas posibilidades

Kroker, Michael, «Zahlen & Fakten rund um Tinder: 50 Millionen Nutzer, 12 Millionen Matches am Tag», *blog.wiwo*, 12 de abril de 2019.

Vandenbosch, Laura, Sindy R. Sumter y Loes Ligtenberg, «Love me Tinder. Untangling emerging adults' motivations for using the dating application Tinder», *Telematics and Informatics*, 34(1), abril de 2016, págs. 67-78.

Warda, Johanna, *Post-Internet Romance. Die Transformation der Liebesmythologie in der Gegenwart*, Universidad Humboldt de Berlín, 2016, pág. 23.

Día 75

Lauenstein, Mercedes, «Wir sollten uns nicht mit anderen vergleichen», *jetzt*, 7 de abril de 2017.

Día 76

MacKenzie, Jackson, *Psychopath free. Recovering from emotionally abusive relationships with narcissists, sociopaths, and other toxic people*, Berkley, Nueva York, 2015.

Sander, David, «Hoovering. Darum sollten Sie Ihre(n) Ex loslassen», *Märkische Allgemeine*, 30 de octubre de 2019.

Día 77

Bartsch, Beatrice, «Beziehungstrends: „Ghosting" ist Frauensache, „offene Beziehung" ein Mythos und jeder dritte Single landet in der „Friendzone"», *ElitePartner Magazin*, 26 de febrero de 2018.

Soliman, Tina, *Ghosting. Vom spurlosen Verschwinden des Menschen im digitalen Zeitalter*, KlettCotta, Stuttgart, 2019, págs. 14 y 63.

Día 78

Poulter, Stephan B., *Your Ex-factor: Overcome Heartbreak & Build a Better Life*, Prometheus Books, Armherst, Nueva York, 2009.

Día 80

Luhmann, Niklas, *Liebe. Eine Übung*, Suhrkamp, Berlín, 2008, pág. 11.

Día 81

Lachmann, Margie E., «Tiefs und Hochs», en Leo Bormans (ed.), *Glück. The new world book of happiness*, DuMont, Colonia, 2016, págs. 130-133.

Día 82

Mayer, Lisa, «Der ExFaktor», *Psychologie heute*, 12, 2018, págs. 18 y s.

Día 83

Wagner, Peter, *Wofür es gut ist. Was Menschen aus ihrem Leben lernen*, dtv, Múnich, 2014.

Día 84

Ware, Bronnie, *The Top Five Regrets of the Dying: A Life Transformed by the Dearly Departing*, Hay House, Carlsbad (California), 2012 (trad. cast. de Pérez Sánchez, Marcos: *Los cinco mandamientos para tener una vida plena: ¿de qué no deberías arrepentirte nunca?*, Debolsillo, Barcelona, 2013).

Día 85

De Botton, Alain, *The Course of Love*, Hamish Hamilton, Londres, 2016 (trad. cast. de Pellisa, Inga: *La fatiga del amor*, Lumen, Barcelona, 2016).

De Botton, Alain, «Why You Will Marry the Wrong Person», *The New York Times*, 29 de mayo de 2016.

La pérdida de un proyecto de vida

Kielon, Kristin, «Wie lange sind Männer zeugungsfähig?», *mdr Wissen*, 16 de enero de 2018.

Nieberding, Mareike, «Die KFrage», *SZ-Magazin*, 41, 2019, pág. 24.

Rudnicka, J., *Durchschnittliches Heiratsalter lediger Männer in Deutschland von 1991 bis 2018*, Statistisches Bundesamt, 2019, <https://de.statista.com/statistik/daten/studie/1328/umfrage/heiratsalterlediger-maenner/>.

Rudnicka, J., *Durchschnittliches Heiratsalter lediger Frauen in Deutschland von 1991 bis 2018*, Statistisches Bundesamt, 2019, <https://de.statista.com/statistik/daten/studie/1329/umfrage/heiratsalterlediger-frauen/>.

Stokowski, Margarete, *Untenrum frei*, Rowohlt, Reinbek, 2019, págs. 192 y 228.

Día 90

Anderson, Hanah, y Matt Daniels, «Film dialogue from 2,000 screenplays, broken down by gender and age», *The Pudding*, abril de 2016.

Día 91

Linden, Michael, «Die Posttraumatische Verbitterungsstörung, eine pathologische Verarbeitung von Kränkungen», *Psychoneuro*, 31(1), 2005, págs. 21-24.

Soliman, Tina, *Ghosting. Vom spurlosen Verschwinden des Menschen im digitalen Zeitalter*, KlettCotta, Stuttgart, 2019, págs. 319 y s.

Día 94

Binswager, Michèle, «Anatomie einer Trennung», *Fritz + Fränzi, das Schweizer Elternmagazin*, 5 de febrero de 2015.

Luhmann, Niklas, *Liebe. Eine Übung*, Suhrkamp, Berlín, 2008, pág. 21.

Día 96

Elkins, Lucy, «Who really needs more sleep – men or women? One of Britain's leading sleep experts says he has the answer», *Daily Mail*, 26 de enero de 2010.

Horn, Jim, *Sleepfaring. A journey through the science of sleep*, Oxford University Press, Nueva York, 2006.

Día 97

Ziegler, Juliane, «Einem Buch das Leben erzählen», *NZZ*, 15 de abril de 2016.

Día 99

Lachner, Theresa, *Lvstprinzip*, Blumenbar, Berlín, 2019, pág. 206.

AGRADECIMIENTOS

Quiero dar las gracias a mi hija, esa maravillosa e inteligente criatura que me acompaña en mis viajes por todo el mundo. Espero que jamás necesite este libro o que, al menos, para el día en que lo haga, las circunstancias sociales que describo en él ya estén completamente superadas y hayan quedado muy atrás.

Gracias también a Anja Schmidt por su incondicional lealtad. Desde siempre y para siempre.

Gracias a Nicola van der Mee por estar constantemente planteando preguntas, seleccionando y apilando.

Gracias a mis padres, Andrea Hilsdorf, Roger Loetzner y Richard Schmitt, por haberme transmitido la única verdad que importa: no hay que rendirse.

Gracias a mis hermanos, Laurin y Magnus, por su afán por resistir. Por resistir todo lo que hemos vivido.

Gracias a mis abuelos por su amor sin condiciones.

Gracias a Petra Schurer y a Torsten Zahn por todos los montajes en los que me han ayudado, por su paciente escucha, por su firmeza cuando todo se rompía e incluso más allá. Sois mi punto de anclaje. Sin vosotros no habría llegado hasta aquí.

Gracias, evidentemente, a todos mis ex, sin los cuales este libro no habría sido posible. ¡Bien hecho, chicos! Sé perfectamente por qué me enamoré de cada uno de vosotros.

Gracias a mi agente, Barbara Wenner, que se empeñó en escribir este libro conmigo, incluso un día en que tenía a los bomberos delante de la puerta de casa.

Gracias a mi revisora, Vera Maas, que ha corregido estas páginas con grandes dosis de amor, inteligencia y esmero. Gracias también a Miriam Holstein por mirarlo todo con lupa y a Silke Rieks por maquetar con tanto amor y cuidado este libro.

Gracias a Mia Latković por las pausas y por las pausas en medio de las pausas. Por su discreción y por su capacidad para comprender. Hola, bombón.

Gracias a Meredith Haaf, Lea Hampel y Ruth van Doornik por casi dos décadas de cristalina inteligencia. Y de vino blanco. Nadie es capaz de mantener tanto sentido común durante tanto tiempo. Gracias por estar siempre ahí.

Gracias a Theresa Lachner por soltar, reencontrar el camino y llegar. Y por su pequeño recordatorio: no puedes llevarlo contigo.

Gracias a Sandra Kinzelmann por darme ánimos constantemente y por su confirmación tácita en relación con la situación del mundo. Son ellos los que están locos, no nosotras.

Gracias a Sinah Hoffmann y a Katja Heller por su análisis acerca de las ideas y las cuestiones estéticas. Y por la mejor cocina de toda la ciudad.

Gracias a Stephanie Dirks y a Robert Kasper por su increíble resiliencia.

Gracias a Martin Trockner por toda su serenidad.

Y gracias a este montón de gente por haberme brindado inspiración, oportunidades, positividad, apoyo y ayuda. Y por hacerme recobrar el equilibrio:

Wolfgang Hertel, Layla Distler, Tomislav Jerkovi, Patrick Bauer, Dirk Schmidt, Anja Delastik, Julia Nageler, Vanessa Urban, Alexander Runte, Saskia Kropf, Stefan Schwinghammer, Flo Berger, Daniela Jenka, Birgit Querengässer, Heike Steiner, Johanna Schuhmann, Goran Perkovi, Torsten Groß, Jördis Lüdke, Peter Wagner, Dirk von Gehlen, Christian Helten, Vanessa Schneider, Dominic Holzer, Frederik Mayet, Kerstin Righini, Holger Storm, Margarete Stokowski, Amanda Palmer, Kathrin Weßling, Julia Jung, Bettina von Bergmann-Korn, Friedemann Karig, Jan Stremmel, Markus Knott, Maximilian Cress, Koku Musebeni, Florian Schairer, Max Damm, Anneliese Klaus, Heike Reinhardt, Doris Marwede, Nitti Tikkanen, Christian Brecheis, Jessica Pflüger, Laura Schabmair, Oliver Frenz, Laura Bohneberger, Kathrin Werner, Christina Hißen, Florian Ott, Mareike Nieberding, Ulf Pape, Lissi Kraeck, Katja Lewina, Patrick von Strenge, Sergio Bongiovanni, Bastian Lerdon, Lisa Tippelt, Dominik Schottner, Franziska Loetzner, Peter Loetzner, Lisa Loetzner, Merlin Loetzner, Katharina Pink, Elisabeth Krainer, Paula Döring, Iryna Baumbach, Lea Rieck, Svenja Lassen, Birte Plöger, Steffi Schmidt, Silvia Weber, Kathrin Schmidt, Veronika Schaller, Anne Oppel, Lara Gonschorowski, Julia Weidinger, Markus Klausmann, Markus Laudenbach, Ellen John, Lara Fritzsche, Georg Wittmann, Valentina Milakovi, Mercedes Lauenstein, Xifan Yang, Stephan Koritsch, Lisa von Klitzing y Volker Schadt.

Gracias a Andrea Bauer por ayudarme a sacar mi auténtica esencia.

Y a Michael Moorstedt. Por sus mimosas y sus cardos.

Para Aye, Jasmin y Joanna,
tres auténticas cazavampiros